Market Se Pehle Mindset

Market Se Pehle Mindset

अंकित कपूर

Available on amazonkindle

Worldwide Published by

Pendown Press
PREMIUM BUSINESS PUBLISHER

PENDOWN PRESS LLP

An ISO 9001 & ISO 14001 Certified Co.,

Regd. Office: 3767A, Kanhaiya Nagar,

Tri Nagar, Delhi-110035

Ph.: 8130886000, 9650072927

E-mail: info@pendownpress.com

Branch Office: 1A/2A, 20, Hari Sadan, Ansari Road,

Daryaganj, New Delhi-110002

Ph.: 011-45794768

Website: PendownPress.com

Edition: 2025

Price: ₹ 599

ISBN: 978-93-7217-332-1

Layout and Cover Designed by Pendown Graphics Team

उन सभी के नाम,

जो गिरकर भी हर बार खड़े होते हैं

और अपने सपनों से समझौता नहीं करते।

विषय-सूची

डिस्क्लेमर

यह पुस्तक केवल शैक्षणिक और जानकारी के उद्देश्य से लिखी गई है। इसमें प्रस्तुत सभी विचार, उदाहरण और व्याख्याएँ लेखक के व्यक्तिगत अनुभव और समझ पर आधारित हैं। इस पुस्तक में दी गई किसी भी जानकारी को निवेश या ट्रेडिंग सलाह के रूप में न लिया जाए।

इसमें उपयोग की गईं लगभग सभी चार्ट्स की तस्वीरें TradingView प्लेटफ़ॉर्म से ली गई हैं। TradingView को उसके उत्कृष्ट चार्टिंग टूल्स और डेटा विज़ुअलाइज़ेशन के लिए हार्दिक धन्यवाद। ये चार्ट केवल सीखने और समझाने के उद्देश्य से उपयोग किए गए हैं। TradingView का इस पुस्तक की सामग्री, निष्कर्ष या किसी भी प्रकार के निर्णय से कोई प्रत्यक्ष या अप्रत्यक्ष संबंध नहीं है।

स्टॉक मार्केट, कमोडिटी और अन्य वित्तीय बाज़ारों में ट्रेडिंग करना जोखिमपूर्ण होता है। किसी भी प्रकार का लाभ या हानि पूरी तरह पाठक की स्वयं की ज़िम्मेदारी है। लेखक, प्रकाशक या इससे जुड़े किसी भी व्यक्ति को किसी भी हानि के लिए उत्तरदायी नहीं ठहराया जा सकता।

पाठकों से अपेक्षा की जाती है कि वे किसी भी ट्रेडिंग या निवेश से पहले स्वयं उचित अध्ययन करें और आवश्यकता होने पर किसी पंजीकृत वित्तीय सलाहकार से परामर्श लें।

इस किताब का उद्देश्य पाठकों को बाज़ार को बेहतर ढंग से समझने में सहायता करना है, न कि किसी निश्चित परिणाम या मुनाफ़े की गारंटी देना।

प्रस्तावना

कहा जाता है, ज़िंदगी सिखाती है...
और बाज़ार सबसे बड़ा शिक्षक है।
मेरी अपनी यात्रा भी कुछ ऐसी ही रही।
कभी ख़ुशियों की ऊँची उड़ान,
तो कभी डर, तनाव और बड़े नुक़सान।
कभी लगा सब समझ लिया...
और अगले ही दिन बाज़ार ने फिर विनम्र बना दिया।
इस सफर में मैंने सीखा कि
ट्रेडिंग सिर्फ़ दिमाग़ का खेल नहीं,
दिल और अनुशासन का भी इम्तिहान है।
कभी-कभी स्क्रीन पर गिरती एक लाल कैंडल
दिल की धड़कन भी गिरा देती है।
और एक छोटी सी हरी कैंडल
उम्मीद जगा देती है।
यह किताब उन सभी के लिए है
जो ट्रेडिंग सीखना चाहते हैं
पर डरते हैं...
जिनके पास अनुभव कम है
पर सपने बड़े हैं...

जो कमाई नहीं,
एक सही रास्ता ढूँढ रहे हैं।
अगर आप पढ़ते-पढ़ते यह महसूस करें
कि आपके साथ कोई है,
कोई जो आपकी भाषा में बात कर रहा है...
तो समझिए इस किताब का मक़सद पूरा हुआ।
मैं चाहता हूँ कि यह किताब
आपके सफर में एक साथी बने।
आपको भरोसा दे...
साहस दे...
धैर्य दे...
क्योंकि ट्रेडिंग की दुनिया में
जीत हमेशा उसी की होती है
जो हार कर भी रुकता नहीं।
आपके सपनों की उड़ान
यहाँ से शुरू हो।
~ अंकित कपूर

आभार

सबसे पहले ब्रह्मांड को धन्यवाद, जिसने मुझे हर कदम पर संभाला और आगे बढ़ने का साहस दिया।

मेरे दादा-दादी, माता-पिता और चाचा-चाची के लिए,

जीवन में जो कुछ भी मैंने हासिल किया है, वह आपके निस्वार्थ प्रेम, समर्थन और विश्वास के बिना संभव नहीं होता। आपने मुझे जीवन के सही मूल्य और दृढ़ता का पाठ सिखाया, दिल से आभार।

मेरे छोटे भाई के लिए,

तुम सिर्फ़ भाई नहीं, मेरे मित्र, सलाहकार और हर उतार-चढ़ाव में मेरा मज़बूत सहारा रहे हो। बिना कहे समझ लेना, ज़रूरत पड़ने पर साथ खड़ा होना और हर कदम पर मेरा हौसला बढ़ाना, इसके लिए दिल से धन्यवाद।

मेरी पत्नी के लिए,

जो हर परिस्थिति में मेरे साथ मज़बूती से खड़ी रहीं। पारिवारिक ज़िम्मेदारियों के साथ-साथ व्यापार की चुनौतियों को भी बड़ी कुशलता और समर्पण से संभालने के लिए, तहे दिल से शुक्रिया। आप मेरी ताक़त हो।

मेरे बच्चे के लिए,

आप मेरी खुशी और निरंतर प्रेरणा हो। ढ़ेर सारा प्यार!

मेरे सभी मार्गदर्शकों और गुरुओं के लिए,

आपने संदेह और भ्रम के समय में मुझे सही दिशा और प्रकाश दिखाया। आपके हर सुझाव और सीख के लिए मैं हृदय से कृतज्ञ हूँ।

हमारे सभी क्लाइंट्स के लिए,

आपने हम पर विश्वास किया, अपने अनुभव साझा किए और हमें निरंतर बेहतर बनने की प्रेरणा दी, आपका धन्यवाद।

श्री दिनेश वर्मा और उनकी टीम, पेनडाउन प्रेस के लिए,

प्रारंभिक कॉन्सेप्ट से अंतिम मैनुस्क्रिप्ट तक, आपके मार्गदर्शन, सहयोग और विशेषज्ञता के बिना यह पुस्तक संभव नहीं थी। हार्दिक आभार।

और अंत में उन सभी प्रियजनों के लिए,

जिनके नाम यहाँ लिख नहीं पाए, आपके प्रेम, प्रोत्साहन और समर्थन ने ही मुझे आगे बढ़ने की हिम्मत दी। नाम भले ही उल्लेखित न हों, पर आपका स्थान मेरे दिल में हमेशा रहेगा।

आप सभी के विश्वास और साथ के बिना, यह सफ़र पूरा नहीं हो सकता था।

दिल से धन्यवाद।

मेरी यात्रा: चार्ट्स, चुनौतियाँ और कमॉडिटी समाचार का सपना

16 साल... लगभग दो पूरे दशक।

न्यूज़ चैनल, यूट्यूब या सोशल मीडिया पर चाहे लोग मुझे कितना भी 'लेट एंट्री' बोल लें लेकिन मार्केट का अनुभव कभी लेट नहीं होता। मैं उन लोगों में से हूँ जो तब चार्ट्स पढ़ रहे थे, जब भारत में टेक्निकल एनालिसिस का नाम भी लोग पहली बार सुन रहे थे। मेरे लिए ट्रेडिंग कोई नौकरी नहीं; एक तपस्या है... और चार्ट्स मेरे गुरु।

शुरुआत, MBA के दिनों में

इंदौर में MBA करते वक़्त, जब सभी प्लेसमेंट की दौड़ में थे, तब मेरी मुलाकात पहली बार चार्ट्स से हुई। फाइनेंस इंटर्नशिप के दौरान, मेरे पहले गुरु, श्री सुमित मोंगिया जी ने टेक्निकल एनालिसिस का पहला बीज मेरे मन में बोया, और मुझे तब पता भी नहीं था कि यह बीज एक दिन एक विशाल वृक्ष बन जाएगा।

पहली नौकरी: इंडियाबुल्स सिक्योरिटीज़ (Indiabulls Securities)

इंडियाबुल्स सिक्योरिटीज़, इंदौर... वहां मेरी नियुक्ति तो डीलर के पद पर हुई थी, पर मेरा ध्यान सिर्फ चार्ट्स पर रहता था।

कमॉडिटी डेस्क के पास लोग जाने से भी कतराते थे। इक्विटी का क्रेज़ ही अलग था... तो कमॉडिटी मार्केट को छूता ही कौन?

और सच कहूँ, आज भी स्थिति में कुछ ज्यादा बदलाव नहीं आया है।

तब मेरा रोज़ का रूटीन तय हुआ करता था; दोपहर 2 बजे से रात 12 बजे तक जॉब और उसके बाद सुबह से मार्केट में चार्ट्स की पढ़ाई।

जिसे लोग बोरिंग समझते थे, वही मेरे लिए लाइफ थी।

2011 में चार्ट्स का असली सफर

1 साल का अनुभव लेकर 2011 में अरिहंत कैपिटल (Arihant Capital) में मैंने टेक्निकल रिसर्च जॉइन किया।

फिर वहीं इंदौर में ही इंडियानिवेश (Indianivesh) में काम मिल गया।

इंडियानिवेश में 5+ साल कार्यकाल के दौरान, मुझे अपने मेंटर, श्री मनोज कुमार जैन जी के साथ काम करने व सीखने का अवसर मिला। आज भी उनके दिए इनसाइट्स मेरे एनालिसिस में नज़र आते हैं।

फिर एक दिन मन ने कहा, “अब अपना कुछ करते हैं।”

कंपनी शुरू की... सफलता मिली... फिर मतभेद शुरू हो गए... और कोरोना ने सब उलट-पुलट कर दिया।

तब मैं वापिस इंदौर लौट आया।

जीवन का टर्निंग पॉइंट: परिवार और फिर नई शुरुआत

जब हालात बिलकुल भी स्थिर नहीं थे, चारों तरफ़ अनिश्चितता ही अनिश्चितता थी, तब मेरे पास एक ही चीज़ बची थी: चार्ट्स पढ़ने की क्षमता। यही वो स्किल था जिसने मुझे सबसे कठिन समय में भी उम्मीद का सहारा दिया। लेकिन सच कहूँ तो, केवल चार्ट्स ही काफी नहीं थे। जो असली हिम्मत, असली सहारा मेरे साथ मजबूती से खड़ा रहा, वो थी मेरी पत्नी, चांदनी।

जब मैं अंदर से टूट रहा था, हताश हो रहा था, तब वही थी जो मुझे हर रोज़ फिर से खड़ा कर देती थी। जब कंपनी को एक दिशा चाहिए थी, सही फैसले चाहिए थे, तब वही मेरे साथ कदम से कदम मिलाकर चल रही थी। उसने कभी मेरे सपने को मेरे अकेले का सपना नहीं रहने दिया... उसने उसे अपना बना लिया।

कहते हैं कि कठिन समय इंसान को बहुत कुछ सिखा जाता है। मुझे भी इस समय ने सिखाया कि **बिज़नेस सिर्फ़ बुद्धिमत्ता से नहीं चलता, उसके पीछे परिवार की ताकत भी होना ज़रूरी है।**

आधी रात का वो क्षण जिसने इतिहास लिख दिया: कमॉडिटी समाचार का जन्म

एक रात, करीब 2 बजे, मैं लगातार करवटें बदल रहा था। दिमाग में लगातार यही घूम रहा था, "अब आगे क्या?" तभी अचानक एक नाम बिजली की तरह मेरे मन में आया, **कमॉडिटी समाचार।**

मैंने तुरंत लैपटॉप खोला, डोमेन खोजा और उसे खाली पाया। बिना एक सेकेंड गंवाए, मैंने मुंबई में एक लड़की को फ़ोन किया और कहा, "ये डोमेन अभी बुक करना है। देर मत करना।" और रात 3 बजे तक डोमेन बुक हो चुका था।

जिस क्षण बटन क्लिक हुआ, उसी के साथ हमारे सपने का असली सफर शुरू हुआ। एक नाम... एक विज़न... और एक मिशन: कमॉडिटी मार्केट को सुरक्षित और संगठित करना।

क्यों बनाया कमॉडिटी समाचार?

कमॉडिटी मार्केट जितना बड़ा है, उतना ही ज़्यादा असंगठित और धोखाधड़ी से भरा हुआ है।

इंदौर में धोखाधड़ी का माहौल था। टेक्निकल एनालिसिस के नाम पर लोगों को बेवक़ूफ़ बनाया जा रहा था, गलत टिप्स दिए जा रहे थे और उनकी मेहनत की कमाई लूटी जा रही थी।

तभी मैंने ठाना कि अगर बदलाव चाहिए, तो उसके लिए हिम्मत से काम लेना होगा। सोचा, "खुद की कंपनी शुरू करते हैं।"

लेकिन लाइसेंस मिलना आसान नहीं था। मगर जब इरादा सच्चा हो, तो रास्ते खुद बन जाते हैं।

चांदनी और मैंने NISM रिसर्च एनालिस्ट की परीक्षा दी। हमने फिर महाराष्ट्र से लाइसेंस के लिए आवेदन किया... और लाइसेंस मिल भी गया।

इसके बाद हमने पुणे को अपनी नई कर्मभूमि बनाया।

नया शहर, नई पहचान और नया मिशन: ट्रेडर्स की सुरक्षा और सही ज्ञान

2 लोगों से 70 लोगों तक - संघर्ष, साहस और सफलता

कंपनी की शुरुआत सिर्फ़ दो लोगों से हुई थी। धीरे-धीरे संख्या बढ़कर पाँच हुई।

इसी दौरान मेरी तबीयत अचानक बिगड़ गई। मुझे रतलाम में रुकना पड़ा। घर में छोटा बच्चा था... जिम्मेदारियाँ बढ़ती जा रही थीं...

लेकिन चांदनी ने बिना डरे, बिना रुके, पूरी कंपनी को अकेले संभाला। वो पुणे वापस चली गई और हर लड़ाई डटकर लड़ी। उसकी हिम्मत देखकर ही हम दोबारा खड़े हुए।

और इस बार, हम और मज़बूत थे।

आज कमॉडिटी समाचार सिर्फ़ एक नाम नहीं है, 60–70+ सदस्यों की एक मज़बूत टीम है, और 2500+ संतुष्ट क्लाइंट्स का भरोसा है।

हमें गर्व है... क्योंकि ये केवल बिज़नेस नहीं, एक परिवार है

हम अपने क्लाइंट्स को सिर्फ़ सर्विस नहीं देते, रिश्ता निभाते हैं। कई क्लाइंट्स पिछले 8–10 वर्ष से हमारे साथ हैं।

उन्होंने हमारी पूरी यात्रा देखी है, हम कैसे गिरे, संभले और आगे बढ़े।

इसी भरोसे की बदौलत, सिर्फ़ 9 महीनों में ही कमॉडिटी समाचार का यूट्यूब चैनल 90,000+ सब्सक्राइबर्स तक पहुँच गया।

ये सिर्फ़ आँकड़े नहीं हैं, भरोसे की ऊँचाई हैं।

इसी कड़ी में एक अत्यंत महत्वपूर्ण क्षण भी आया, जब वर्ष 2025 में मेरे अब तक के लगभग 8-10 वर्षों के करियर, सेवा और कमॉडिटी मार्केट के लिए किए गए कार्यों को एक राष्ट्रीय स्तर पर पहचाना गया और मेरे प्रयासों के परिणामस्वरूप मुझे GMF Bharat BFSI Awards 2025 में "Energy Award" से सम्मानित किया गया। यह सम्मान मुझे भारत सरकार के केंद्रीय मंत्री, श्री नितिन गडकरी जी के कर-कमलों से प्राप्त हुआ।

सम्मान नहीं, ज़िम्मेदारी बढ़ी

समय के साथ, लगभग एक दशक की इस निरंतर यात्रा में, जब लगातार लोगों को सही दिशा देने, उन्हें नुकसान से बचाने और मार्केट को समझाने का काम चलता रहा, तो उसका प्रभाव अपने आप दिखने लगा। मेरे काम, मेरी सोच और मेरे तरीक़ों को अलग-अलग मंचों पर पहचाना जाने लगा। देश के कई शहरों में, अलग-अलग प्लेटफॉर्म्स पर, कई अवसरों पर सराहना मिली।

इसी कड़ी में एक अत्यंत महत्वपूर्ण क्षण भी आया, जब वर्ष 2025 में मेरे अब तक के लगभग 8-10 वर्षों के करियर, सेवा और कमॉडिटी मार्केट के लिए किए गए कार्यों को एक राष्ट्रीय स्तर पर पहचाना गया और मेरे प्रयासों के परिणामस्वरूप मुझे GMF Bharat BFSI Awards 2025 में "Energy Award" से सम्मानित किया गया। यह सम्मान मुझे भारत सरकार के केंद्रीय मंत्री, श्री नितिन गडकरी जी के कर-कमलों से प्राप्त हुआ।

उस क्षण ने मेरे पूरे सफर को जैसे एक नया अर्थ दे दिया। मंच पर खड़े होकर मुझे यह अहसास हुआ कि यह केवल एक व्यक्ति का सम्मान नहीं है, बल्कि उस सोच और उस मिशन की स्वीकृति है, जो वर्षों पहले चार्ट्स के साथ एक कमरे में बैठकर शुरू हुआ था। यह उस विश्वास की पहचान थी, जो हज़ारों ट्रेडर्स और निवेशकों ने मुझ पर और मेरे काम पर जताया है।

अवार्ड लेने के बाद जब मैं मंच से नीचे उतरा, तो माहौल कुछ अलग ही था। बधाइयाँ तो मिल रही थीं, लेकिन उसके साथ-साथ जिज्ञासा भी थी। कई लोग मेरे पास आए, जिन्होंने सिर्फ़ हाथ मिलाकर आगे बढ़ जाना नहीं चुना, बल्कि रुककर सवाल पूछे। कोई मेरे काम करने के तरीकों को जानना चाहता था, कोई यह समझना चाहता था कि मैं मार्केट को किस नज़र से देखता हूँ, तो कोई यह पूछ रहा था कि इतने वर्षों तक लगातार एक ही दिशा में काम कैसे किया जा सकता है।

मैंने उनसे खुलकर बात की। मैंने उन्हें बताया कि मैं किसी एक लक्ष्य के पीछे नहीं, बल्कि एक मिशन के साथ आगे बढ़ रहा हूँ। एक ऐसा मिशन, जिसमें उन लोगों की मदद करना सबसे ऊपर है जो मार्केट को ठीक से समझ नहीं पा रहे हैं, जो पहले नुकसान झेल चुके हैं या जो सही मार्गदर्शन के अभाव में भ्रम और डर के साथ ट्रेड कर रहे हैं। मैंने यह भी साझा किया कि कमॉडिटी समाचार का उद्देश्य सिर्फ़ जानकारी देना नहीं है, बल्कि लोगों की समझ बढ़ाना, उन्हें सही निर्णय लेने में सक्षम बनाना और एक सुरक्षित प्लेटफॉर्म उपलब्ध कराना है।

मेरी बातें सुनकर कई लोग उत्साहित नज़र आए। उनके चेहरों पर संतोष था और आँखों में उम्मीद। उन्हें यह स्पष्ट समझ आ रहा था कि यह काम केवल मुनाफ़े के लिए नहीं, बल्कि देश में एक अधिक संगठित, पारदर्शी और जिम्मेदार कमॉडिटी मार्केट बनाने की दिशा में

है। उस समय मुझे सबसे अधिक खुशी इस बात की हुई कि लोगों ने मेरे भीतर और मेरे काम में भरोसा देखा और उसे सम्मान दिया।

उस पल मुझे यह और साफ़ समझ में आया कि यह यात्रा सिर्फ़ मेरी नहीं रही। यह उन सभी लोगों की हो चुकी है, जो सीखना चाहते हैं, समझना चाहते हैं और सही तरीके से आगे बढ़ना चाहते हैं। और जब यह एहसास आता है, तब सम्मान एक उपलब्धि नहीं रह जाता, बल्कि ज़िम्मेदारी बन जाता है और वही ज़िम्मेदारी इस सफर को आगे बढ़ाती है।

हमारा काम - सिर्फ़ रिसर्च नहीं, एक जिम्मेदारी है

रिसर्च एनालिस्ट कहलाना आसान है, लेकिन असली बात है उस ज़िम्मेदारी को निभाना। चार्ट एनालिसिस कोई फ़ैशन नहीं है, ये करीब 200 वर्ष पुरानी एक कला है। ट्रेडिंग साइकोलॉजी का गेम है और इस गेम में चार्ट्स आपके गॉड फादर होते हैं।

क्या आप जानते हैं?
टेक्निकल एनालिसिस के रचयिता Charles Dow थे।

पहले सब हाथ से होता था... आज सॉफ्टवेयर ने काम आसान कर दिया है, लेकिन कला वही पुरानी और प्योर फॉर्म में है।

कमॉडिटी समाचार आज क्या करता है?

- रोज़ सुबह 8:30 और शाम 5:30 बजे, मेटल और एनर्जी सेगमेंट में न्यूज़ + लेवल्स देते हैं।
- सुबह 8 बजे से रात 11 बजे तक ट्रेडर्स को फ़ोन कॉल पर सपोर्ट देते हैं।

- जल्दी ही 24×6 सपोर्ट + फोरेक्स रिसर्च भी शुरू करने वाले हैं।
- हम अपनी टीम खुद तैयार करते हैं, क्यूंकि फ्रेश माइंडस में सही वैल्यूज़ लिखना आसान होता है।

आज जो कुछ भी हम कर पा रहे हैं, वह ऊपर वाले की कृपा, परिवार का अटूट साथ, और ट्रेडर्स के अपार भरोसे का परिणाम है।

ये सफर अभी शुरू ही हुआ है। सबसे बड़ी मंज़िलें अभी बाकी हैं।

कमॉडिटी समाचार का उद्देश्य:

भारत के हर ट्रेडर को सच्चा ज्ञान, सही जानकारी और सुरक्षित ट्रेडिंग प्रदान करना है।

ट्रेडिंग के असली नियम, जिन्हें रोज़ याद रखना चाहिए

1. बाज़ार किसी का सगा नहीं है। जो सोचता है कि वह बाज़ार को हरा देगा, वही सबसे पहले हारता है।
2. आज का सौदा कल के पश्चाताप की वजह न बने। जो ट्रेड छूट गया, उसे भूल जाओ, नए मौक़े हर दिन मिलते हैं।
3. जो इंतज़ार करना जानते हैं, वही जीतते हैं। हर कैंडल पर ट्रेड नहीं बनता, कभी-कभी सब्र भी सबसे बड़ी रणनीति होती है।
4. स्टॉप लॉस कोई विकल्प नहीं, ज़िम्मेदारी है। इसके बिना ट्रेड करना वैसा ही है जैसे पैराशूट के बिना विमान से कूदना।
5. पोज़िशन छोटी रखो, सोच बड़ी। जोखिम कम होगा तो बाज़ार कल भी तुम्हारे लिए खुला रहेगा।
6. ट्रेडिंग की योजना लिखो, भावनाएँ नहीं। दिल नहीं, चार्ट की सुनो, बाज़ार भावनाओं से नहीं, तर्क से चलता है।
7. जब सब लोग एक ही दिशा में जा रहे हों, थोड़ा हटकर सोचो। भीड़ के साथ मुनाफ़ा नहीं, जाल मिलता है।
8. नुक़सान होने पर ग़ुस्सा मत करो, विश्लेषण करो। हर नुक़सान एक सबक़ देता है, उसे लिख लो, याद रखो।
9. अत्यधिक ट्रेड मत करो, बाज़ार रोज़ खुलता है। ट्रेडिंग लत नहीं, एक पेशा है, इसे उसी तरह निभाओ।
10. समाचारों के फेर में मत पड़ो। बाज़ार ख़बरों से नहीं, उम्मीदों से चलता है।

11. मुनाफ़ा बुक करना भी एक कला है। "थोड़ा और रुकता तो...", यह पंक्ति हर हारा हुआ ट्रेडर कहता है।
12. ट्रेडिंग में कोई गुरु नहीं, डेटा ही गुरु है। जो प्रणाली तुम्हें अनुशासन सिखाए, वही असली शिक्षक है।
13. पूँजी को बचाना सबसे बड़ा मुनाफ़ा है। पैसा गया तो कुछ नहीं बचा, बाज़ार तो कल भी रहेगा।
14. बाज़ार के हीरो मत बनो, जीवित रहो। इस खेल में विजेता वही है जो कल भी ट्रेड करने के क़ाबिल रहे।
15. "मैं सही हूँ" ये मत सोचो, "बाज़ार क्या कह रहा है" ये देखो। अहंकार नहीं, तर्क से काम लो।
16. ट्रेडिंग डायरी लिखो, याददाश्त पर भरोसा मत करो। दिमाग़ भूल जाता है, लेकिन आँकड़े नहीं।
17. चार्ट के सामने शांति रखो, उत्तेजना नहीं। जितनी ज़्यादा घबराहट, उतनी ज़्यादा गलती।
18. मुनाफ़ा छोटा ही सही, पर लगातार होना चाहिए। ट्रेडिंग कोई दौड़ नहीं, एक लंबी यात्रा है, जिसे धैर्य चाहिए, जल्दबाज़ी नहीं।
19. Average is not something... it is everything.
20. बाज़ार की दुनिया में न भाग्य चलता है, न भावनाएँ, यहाँ चलता है सिर्फ़ औसत (average) का नियम।
21. जो भावनाओं के साथ भागा, वो गिर पड़ा। जो औसत को समझा, वो टिक गया।
22. औसत ही असली संतुलन है। हर उछाल में ब्लाइंड हैप्पीनेस नहीं, हर गिरावट में डर नहीं, जो औसत को पहचान लेता है, वो हर तूफ़ान में भी सीधा खड़ा रहता है।

23. ट्रेडिंग में जीत एक बड़ी छलांग से नहीं आती, बल्कि सौ छोटे, सोच-समझकर लिए गए कदमों से आती है।
24. लोग ऊँचे-नीचे भाव के पीछे भागते हैं, मगर सच्चा ट्रेडर जानता है, मूल्य नहीं, औसत मायने रखता है।
25. औसत ही वह सीमारेखा है जहाँ लालच और डर दोनों टिककर सोचने लगते हैं। जो अपने औसत को बनाए रखता है, वही बाज़ार के खेल में अमर रहता है।

याद रखो: बाज़ार में "हीरो" वो नहीं जो एक दिन में दोगुना करे, बल्कि वो है जो सालों तक औसत बनाए रखे। क्योंकि अंत में, चार्ट मिट जाते हैं, ख़बरें भूल जाती हैं... बस औसत ही कहानी कहता है।

अध्याय 1

चार्ट पैटर्न्स: ट्रेडिंग का असली DNA

> *"नियम नंबर 1: कभी पैसा मत खोओ।*
> *नियम नंबर 2: नियम नंबर 1 कभी मत भूलो।"*
>
> ***~ Warren Buffett***

ट्रेडिंग के ज्यादातर चार्ट पैटर्न्स, यानी वो "DNA" जिनसे पूरा बाज़ार चलता है। चाहे आप equity, forex या commodities में ट्रेड करते हों, चार्ट पैटर्न्स वो भाषा हैं जिससे प्राइस खुद बोलता है। चलिए जानते हैं कुछ महत्वपूर्ण पैटर्न जो सदियों से चले आ रहे हैं और सदियों तक चलते रहेंगे।

लेकिन आगे बढ़ने से पहले, सबसे पहले समझते हैं चार्ट्स के तीन मुख्य प्रकार, और फिर उन पैटर्न्स तक पहुँचेंगे, जो असली खेल बदलते हैं।

1. Line Chart

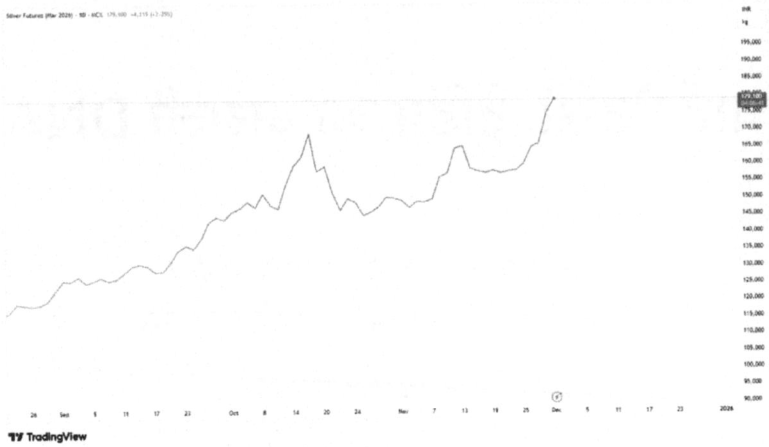

2. Candlestick Chart

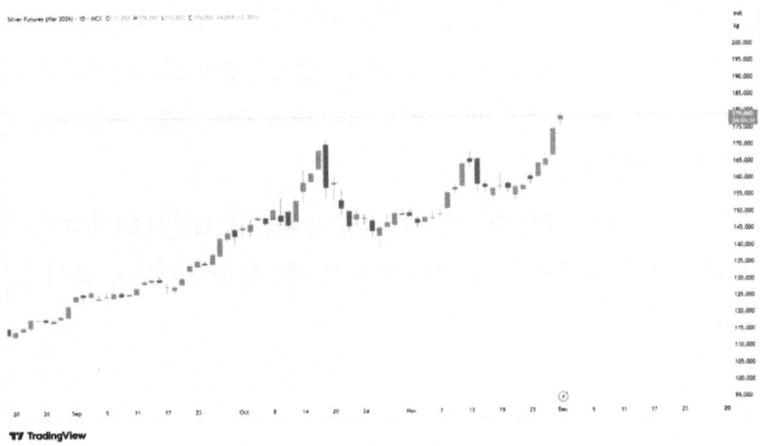

3. Heikin-Ashi Chart

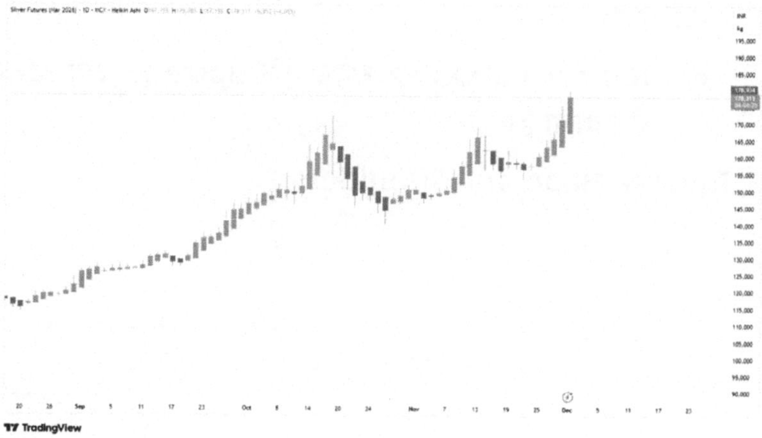

पैटर्न्स के प्रकार:

1. Head and Shoulders (Trend Reversal)

- यह सबसे भरोसेमंद reversal pattern है।
- बनावट: बीच में ऊँचा “head” और दोनों तरफ़ “shoulders।”

- जब “neckline” टूटती है → Trend पलट जाता है।
- **इस्तेमाल:**
  - Top formation → संकेत कि uptrend अब खत्म होने वाला है।

2. Inverse Head and Shoulders

- इसका उल्टा रूप, जो bottom reversal दर्शाता है।
- यानी गिरावट के बाद trend पलटने का संकेत।
- **इस्तेमाल:**
  - Buy signal जब neckline के ऊपर closing मिले।

3. Double Top and Double Bottom

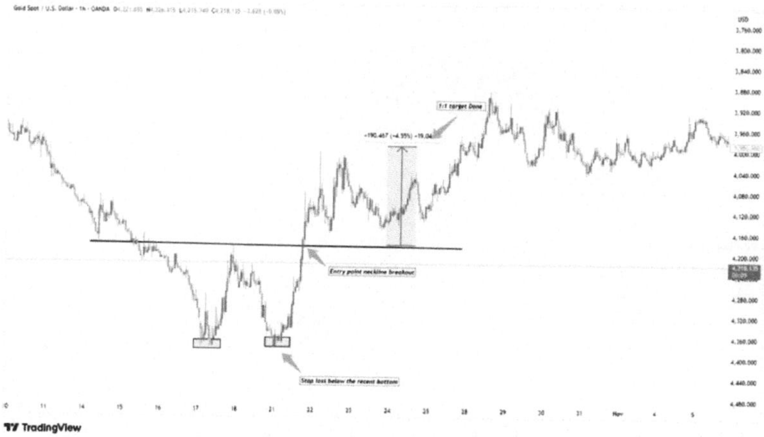

- “M” (Double Top) और “W” (Double Bottom) जैसे दिखते हैं।

- **इस्तेमाल:**
  - Double Top → गिरावट का संकेत।
  - Double Bottom → उछाल की संभावना।
- Confirmation हमेशा breakout से होती है।

4. Triangle Patterns (Symmetrical, Ascending, Descending)

- ये continuation patterns हैं, यानी trend pause ले रहा है।
- **Symmetrical Triangle:** Buyers और sellers दोनों बराबर ताकत में हैं → breakout किसी भी दिशा में हो सकता है।
- **Ascending Triangle:** Buyers मजबूत → breakout ऊपर की ओर।
- **Descending Triangle:** Sellers हावी → breakdown नीचे की ओर।

5. Flag and Pennant

- ये छोटे continuation patterns हैं जो तेज़ मूव के बाद बनते हैं।
- Flag → rectangle की तरह झंडा;

  Pennant → छोटा triangle जैसा।
- **इस्तेमाल:**
  - जब breakout हो, तो उसी दिशा में momentum जारी रहता है।

6. Cup and Handle (Bullish Continuation)

- Cup → गोल आकार (U-shape), Handle → छोटा pullback
- **इस्तेमाल:**
    - जब handle के ऊपर breakout हो → Strong buy signal

7. Channel (Uptrend / Downtrend)

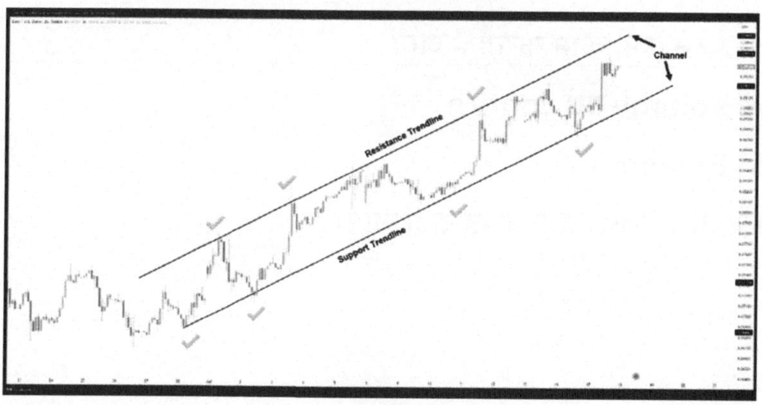

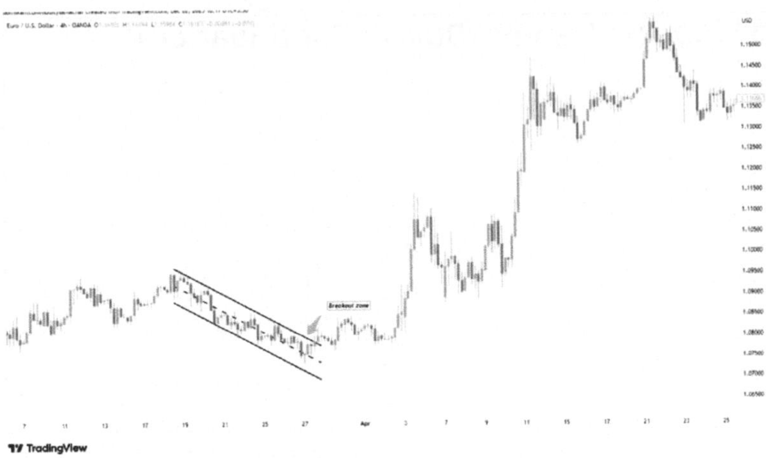

- Parallel trendlines, प्राइस इनके बीच चलता है।
- **इस्तेमाल:**
    - Upper line पर बेचो।
    - Lower line पर खरीदो।
    - Breakout direction future trend बताता है।

"पैटर्न केवल दिखने के लिए नहीं होते; वो प्राइस के साइकोलॉजी को बयान करते हैं।"

हर पैटर्न तभी काम करता है जब:

☑ Volume उसे confirm करे,

☑ Breakout हो,

☑ Stop-loss सही जगह रखा जाए।

अध्याय 2

Average: बाज़ार में टिके रहने की असली कला

"व्यक्तिगत निवेशक को हमेशा निवेशक की तरह व्यवहार करना चाहिए, सट्टेबाज की तरह नहीं।"

~ Benjamin Graham

"Average" स्टॉक मार्केट की वो चीज़ है,

जिसने समझ लिया, वो टिक गया और जो न समझा, वो हर बार 'high' पर खरीदेगा और 'low' पर बेचेगा।"

चलो इसे थोड़ा गहराई से, दिलचस्प अंदाज़ में समझते हैं:

1. Average ही असली संतुलन है

बाज़ार में दो ही ताकतें होती हैं:

लालच (Greed) और डर (Fear)।

Average इन दोनों के बीच की सीधी रेखा है,

जहाँ समझदार ट्रेडर बैठता है।

जब सब पैनिक में बेचते हैं, वो average जोड़ता है;

जब सब लालच में खरीदते हैं, वो average घटाता है।

2. Average तुम्हारा Risk Control Tool है

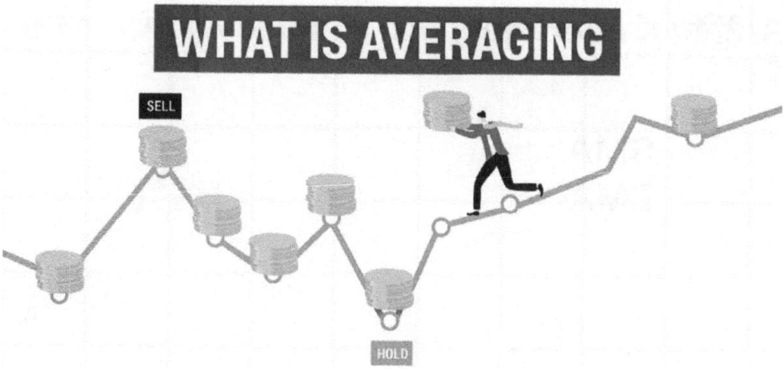

मान लो आपने 100 रुपये पर कोई स्टॉक खरीदा,

और वह स्टॉक 90 पर आ गया।

अगर आप धीरे-धीरे नीचे खरीदकर अपनी average cost 95 कर देते हैं,

तो प्रॉफिट ज़ोन में आने की संभावना बढ़ जाती है।

Formula simple है:

"Average price जितना नीचे, recovery उतनी जल्दी।"

लेकिन ध्यान रहे:

Average loss-making stock में नहीं,

fundamentally strong stock में करना चाहिए।

क्योंकि जो गिरता रहेगा, उसका average केवल भ्रम देगा, समाधान नहीं। इसीलिए ट्रेंड पैटर्न को जानना जरुरी है।

3. ट्रेडिंग में Average तुम्हारी भावनाओं को स्थिर रखता है।

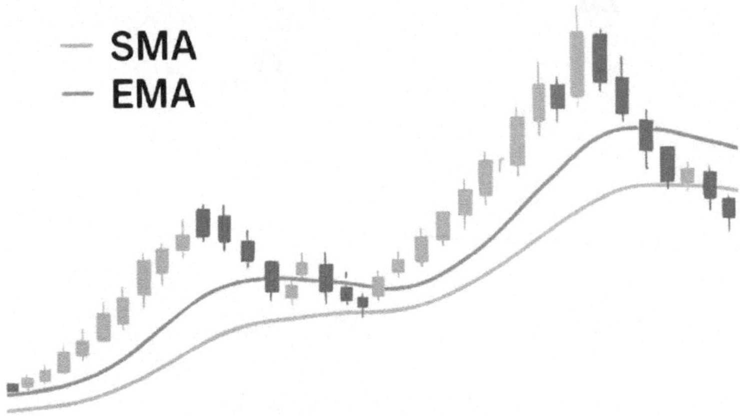

Market कभी linear नहीं चलता;

वो ऊपर-नीचे नाचता रहता है।

Average तुम्हें noise से बचाता है।

📉 Short-term volatility → average smooth करता है

📈 Long-term trend → average दिखाता है

इसलिए स्मार्ट ट्रेडर्स कहते हैं:

"Trend को पकड़ो और average को समझो।"

4. Super Trend: Market ka Compass

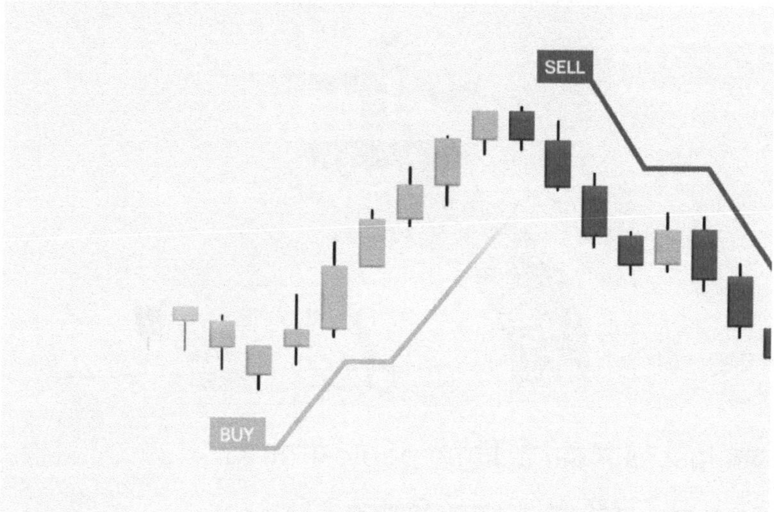

अगर कोई एक indicator चुनना हो, जो पूरे मार्केट का मूड बता दे, तो वो है Super Trend

Price ऊपर हो → trend bullish

Price नीचे हो → trend bearish

ये वो lines हैं जिन पर बड़े institutions अपनी नजर रखते हैं।

“Price बदलता रहता है, पर Super Trend सच बताता है।”

5. Average तुम्हारा Psychological Shield है

जब losses दिखते हैं, दिमाग panic करता है।

Average तुम्हें यह अहसास दिलाता है कि

"मैं अभी खेल से बाहर नहीं हुआ।"

यह आत्मविश्वास देता है

कि "मार्केट में टाइमिंग और कंसिस्टेंसी जीतती है।"

अंतिम विचार

Average कैलकुलेशन के साथ-साथ एक सोच है।

"हर गिरावट ख़त्म नहीं, कभी-कभी वह मौका भी होती है।"

| अध्याय 3 |

Supertrend Indicator — छोटा नाम, लेकिन असर Super Duper

"ट्रेडिंग की कठोर सच्चाई यह है कि हर ट्रेड का परिणाम अनिश्चित होता है।"

~ Mark Douglas

चलिए इसे समझते हैं सीधी, प्रैक्टिकल और थोड़ी मज़ेदार भाषा में:

Supertrend क्या है?

Supertrend एक trend-following indicator है,

जो बताता है कि बाज़ार किस दिशा में चल रहा है:

ऊपर (bullish) या नीचे (bearish)।

ये Average True Range (ATR) पर आधारित होता है,

यानि price कितना move कर रहा है, उसकी volatility क्या है।

आसान भाषा में कहें तो:

Supertrend वो लाल-हरी लकीर है जो बताती है कि अब Trend ऊपर है या नीचे।

कैसे दिखता है?

जब Supertrend हरा (Green) हो — Trend UP है, यानी Buy mode ON

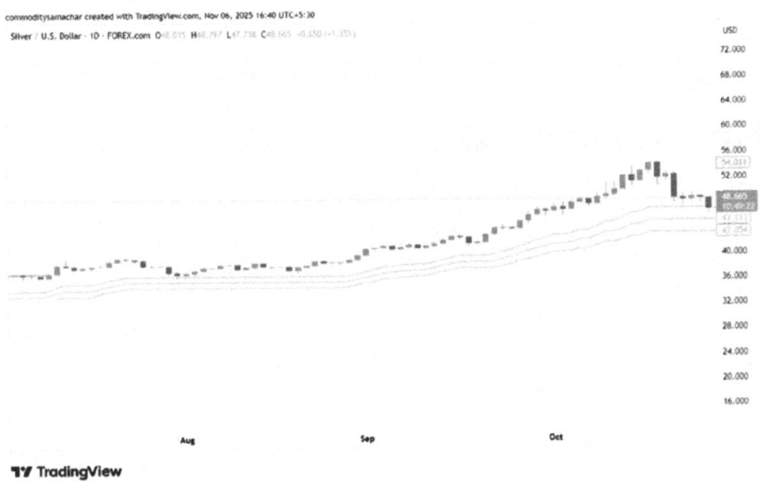

जब Supertrend लाल (Red) हो — Trend DOWN है, यानी Sell mode ON

बस इतना आसान है —

रंग बदला मतलब Trend बदला!

फार्मूला और सेटिंग

Supertrend = ATR + Multiplier का खेल है।

आमतौर पर इस्तेमाल होने वाली सेटिंग्स हैं:

Heiken Ashi & Super Trend
Inputs
Properties
Style
Visibility
ATR Length
10
Factor
3
TP [%]
1
BACKTEST
Start year
2000
Start month
1
Start day
1
Stop year
3333
Stop month
12
Stop day
31
Defaults
Cancel
Ok

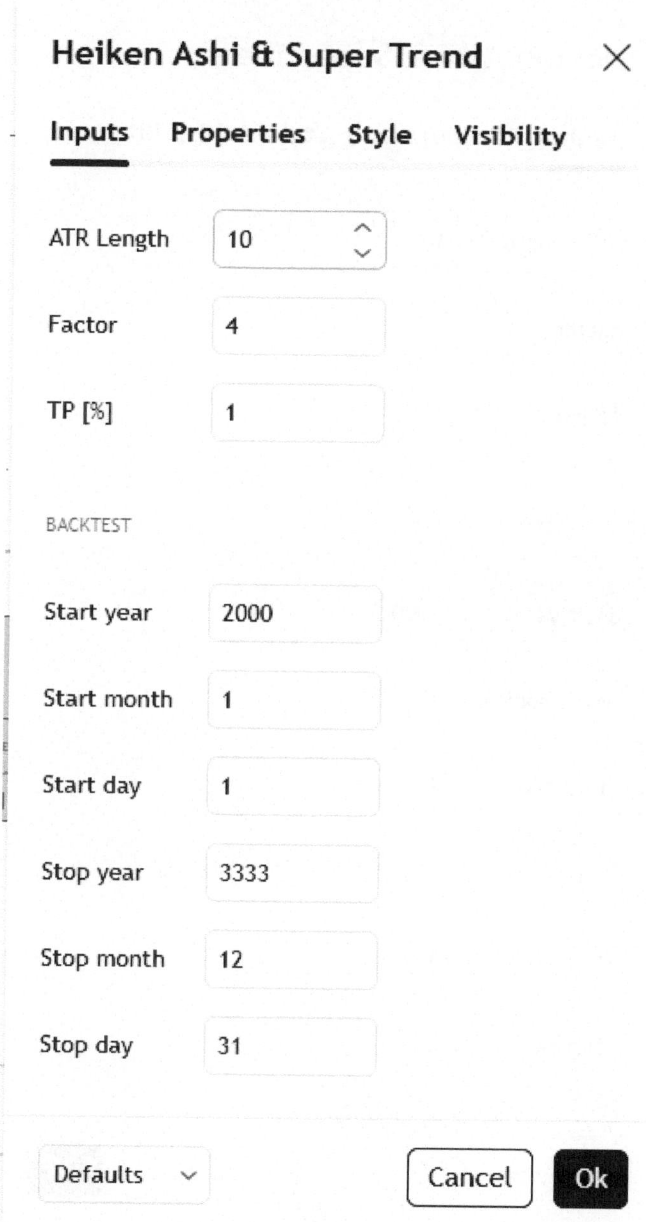
Heiken Ashi & Super Trend
Inputs
Properties
Style
Visibility
ATR Length
10
Factor
4
TP [%]
1
BACKTEST
Start year
2000
Start month
1
Start day
1
Stop year
3333
Stop month
12
Stop day
31
Defaults
Cancel
Ok

Heiken Ashi & Super Trend
Inputs
Properties
Style
Visibility
ATR Length
10
Factor
5
TP [%]
1.1
BACKTEST
Start year
2000
Start month
1
Start day
1
Stop year
3333
Stop month
12
Stop day
31
Defaults
Cancel
Ok

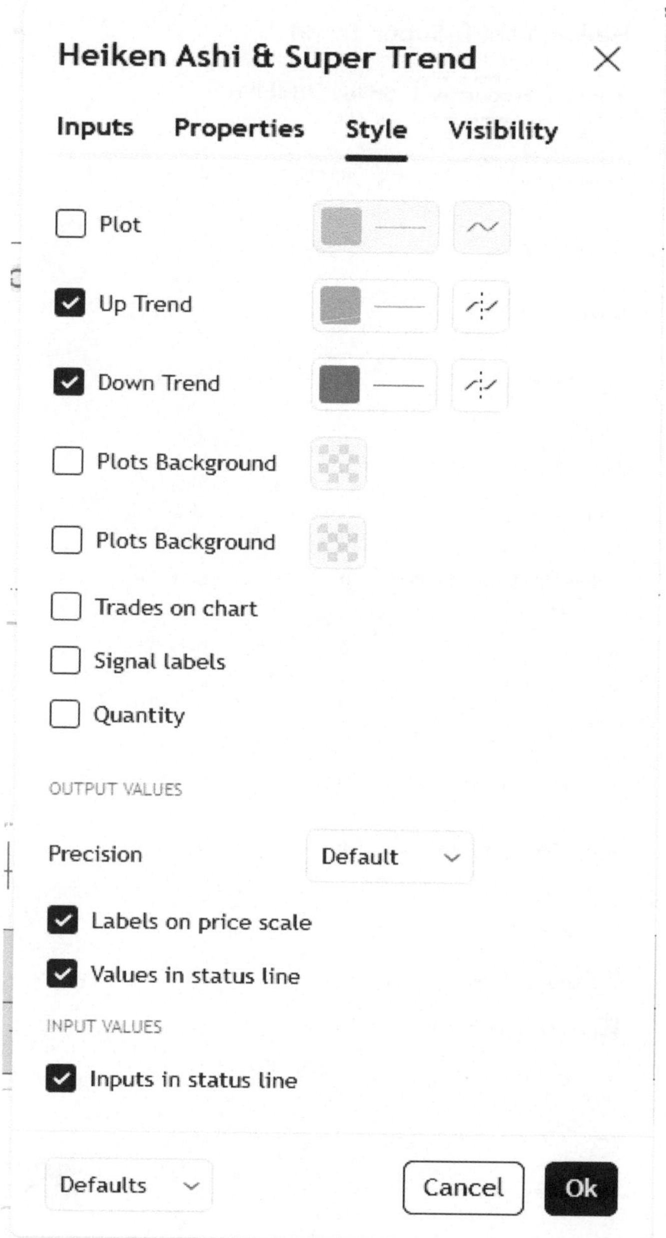
Heiken Ashi & Super Trend
Inputs
Properties
Style
Visibility
Plot
Up Trend
Down Trend
Plots Background
Plots Background
Trades on chart
Signal labels
Quantity
OUTPUT VALUES
Precision
Default
Labels on price scale
Values in status line
INPUT VALUES
Inputs in status line
Defaults
Cancel
Ok

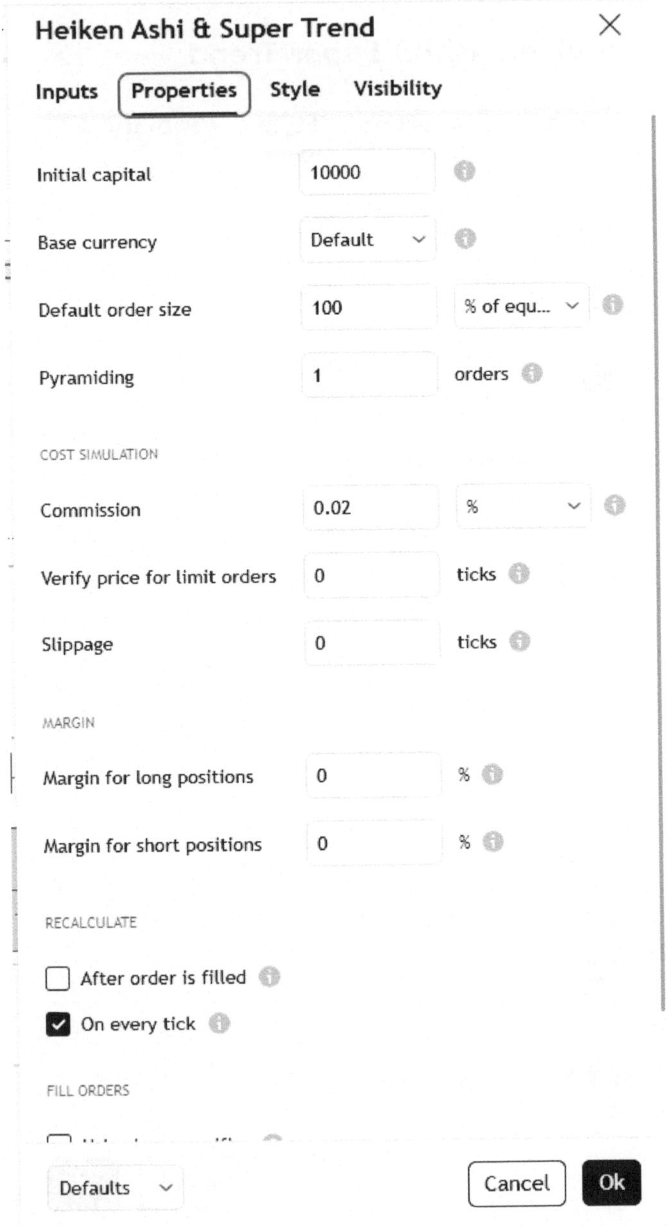
Heiken Ashi & Super Trend
Inputs
Properties
Style
Visibility
Initial capital
10000
Base currency
Default
Default order size
100
% of equ...
Pyramiding
1
orders
COST SIMULATION
Commission
0.02
%
Verify price for limit orders
0
ticks
Slippage
0
ticks
MARGIN
Margin for long positions
0
%
Margin for short positions
0
%
RECALCULATE
After order is filled
On every tick
FILL ORDERS
Defaults
Cancel
Ok

- ATR Period: 10
- Multiplier: 3,4,5

इसका मतलब:

Supertrend पिछले 10 candles की average movement को देखकर trend direction और stop-loss level तय करता है।

कैसे करें इसका इस्तेमाल

1. Trend पहचानो – Entry वहीं करो

अगर Supertrend हरा है →

सिर्फ़ Buy side के setup देखो।

अगर Supertrend लाल है →

सिर्फ़ Sell side के setup देखो।

"मार्केट से मत लड़ो, Supertrend के साथ चलो।"

2. Confirmation लो

Supertrend अकेला नहीं चलता;

इसे दूसरे indicators के साथ कंबाइन करो:

☑ **Moving Average (200 DMA)**

→ अगर price Supertrend और MA दोनों के ऊपर है → Trend मज़बूत।

☑ **RSI**

→ Supertrend हरा हो + RSI 50 से ऊपर = Perfect Bullish Setup.

3. Stop Loss के रूप में इस्तेमाल करो

Supertrend केवल trend नहीं बताता,

ये एक Dynamic Stop-loss Tool भी है।

🔑 अगर Buy trade हो → Stop-loss Supertrend line के नीचे।

🔑 अगर Sell trade हो → Stop-loss Supertrend line के ऊपर।

इससे आप losses से काफी बच सकते हैं।

4. Time Frame Matter करता है

- **Intraday:** 15-min chart
- **Swing Trading:** 4-hour या Daily chart
- **Positional:** Daily या Weekly chart

"Time frame बदलते ही Supertrend की reliability भी बदल जाती है।"

5. Choppy Market को नज़रअंदाज़ करें

Sideways market में Supertrend बार-बार रंग बदलेगा,

यानी "fake signals" ज़्यादा मिलेंगे।

आगे हम समझेंगे कि इससे कैसे बचें।

सारांश:

Supertrend तुम्हें दिशा दिखाता है, पर अनुशासन ही तुम्हें मंज़िल तक पहुँचाता है।

Trend पर राइड करो, Supertrend पर भरोसा रखो,

पर Stop Loss हमेशा साथ रखो।

अध्याय 4

CPR (Central Pivot Range) — प्राइस का असली GPS

> *"मार्केट की प्रकृति महिलाओं जैसी है – रहस्य से भरी, नियंत्रण चाहने वाली और अनिश्चित।"*
>
> ***~ Rakesh Jhunjhunwala***

CPR (Central Pivot Range), बाज़ार के ट्रेंड की दिशा और गहराई दोनों बताता है।

चलो इसे step by step समझते हैं, बिल्कुल आसान और प्रैक्टिकल भाषा में -

Central Pivot Range (CPR) क्या है?

CPR यानी Central Pivot Range एक intraday और positional trading indicator है,

जो बताता है —

- मार्केट का trend क्या है
- सपोर्ट और रेजिस्टेंस कहाँ हैं
- और price किस zone में strong या weak है

संक्षेप में:

CPR = प्राइस का GPS (Guidance Positioning System)

CPR कैसे बनता है?

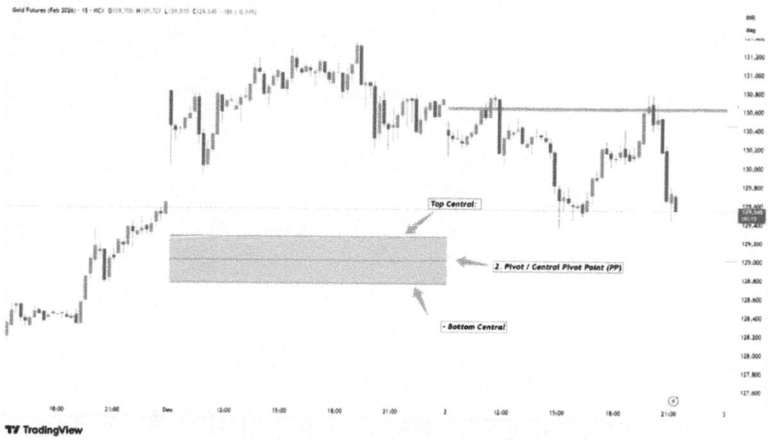

CPR तीन रेखाओं (Lines) से मिलकर बनता है:

1. Pivot (P) - मुख्य मध्य रेखा
2. Top Central (TC) - ऊपर की सीमा
3. Bottom Central (BC) - नीचे की सीमा

यह पिछले दिन के High, Low, Close से अगले दिन का CPR बनाता है।

यानि आज की लड़ाई कल के नतीजों पर तय होती है।

CPR से क्या समझा जा सकता है?

1. Trend की दिशा (Trend Bias)

➢ अगर आज का CPR, कल के CPR से ऊपर है □ Trend Bullish

➢ अगर आज का CPR, कल के CPR से नीचे है → Trend Bearish

➢ अगर CPR लगभग समान है → Trend Sideways / Consolidation

CPR ऊपर तो Buyers तैयार, CPR नीचे तो Sellers सतर्क।

2. CPR की चौड़ाई से Volatility पता चलती है

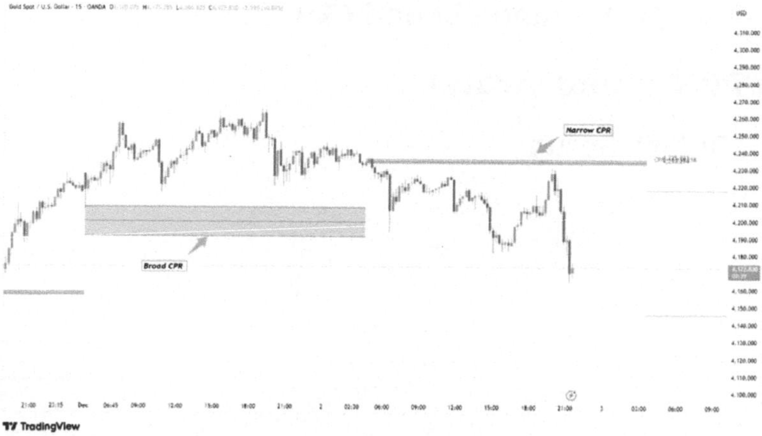

CPR Narrow (पतला) → Big Move आने वाला है और मार्केट में दोनों तरफ की चाल देखने को मिलेगी

(जितना पतला CPR, उतनी बड़ी volatility)

CPR Wide (चौड़ा) → मार्केट शांत रहेगा और अपनी धुन में अपनी दिशा में चलता रहेगा।

"Narrow CPR = Explosion Alert, Wide CPR = Relax Mode."

3. CPR को Support और Resistance की तरह Use करो

- अगर Price CPR के ऊपर trade कर रहा है → CPR Support Zone बनेगा।
- अगर Price CPR के नीचे है → CPR Resistance Zone बनेगा।

➢ अगर Price CPR के अंदर फंसा है → कोई बड़ा मूव नहीं आएगा, बस range-bound खेल।

CPR Trading Strategy

1. Bullish Setup

➢ Price CPR के ऊपर खुला ✅

➢ Supertrend या EMA भी ऊपर दिखा रहा ✅

→ Buy signal

2. Bearish Setup

- ➢ Price CPR के नीचे खुला ✅
- ➢ Volume गिरता हुआ ✅

→ Sell signal

3. Sideways Market

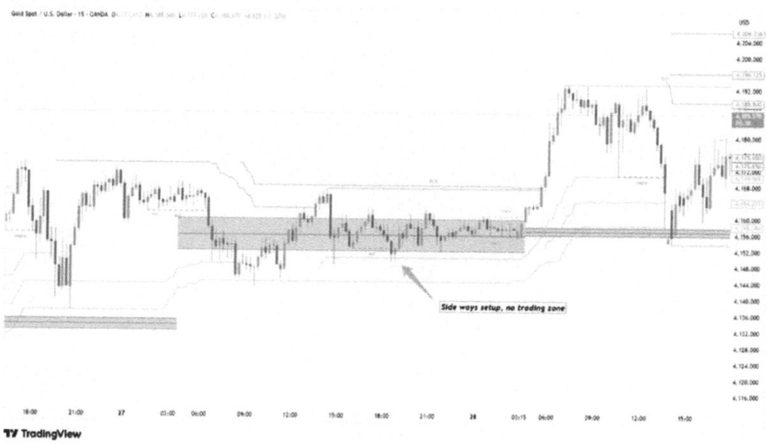

- ➢ Price CPR के अंदर फंसा है ✅

  ⇥ Avoid trading या scalping करो, position मत भरो।

CPR + Supertrend Combo = Deadly Accuracy

अगर Supertrend हरा है और Price CPR के ऊपर है → Perfect uptrend confirmation.

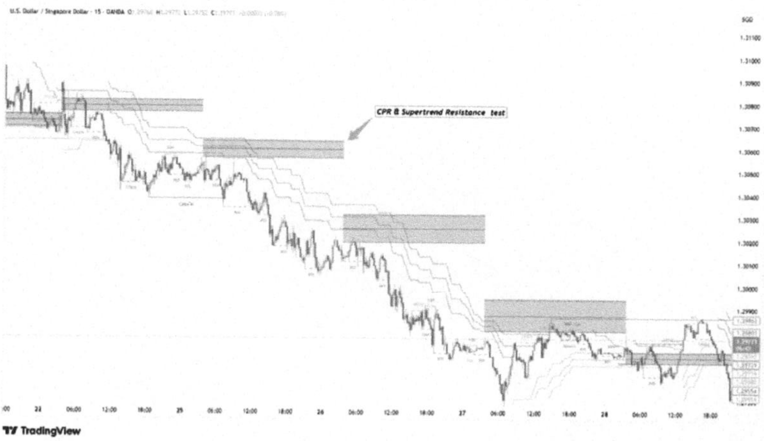

अगर Supertrend लाल है और Price CPR के नीचे है → Confirmed downtrend.

यह combo हर intraday trader का secret weapon है।

सारांश (Trading Mantra):

"Price हर दिन नाचता है,

CPR बताता है चाल किस ओर है।"

CPR से direction,

Supertrend से confirmation,

और Discipline से destination.

अध्याय 5

SUPER CPR STRATEGY — जब Trend मिले Direction से

> *"हमेशा जो दिखता है, उस पर भरोसा मत करो। बुल मार्केट में बत्तख भी हंस दिखाई देती है।"*
>
> ***~ Vijay Kedia***

जब Supertrend और CPR (Central Pivot Range) को एक साथ इस्तेमाल करते हैं,

तो बनता है एक ऐसा ट्रेडिंग पैटर्न जो मार्केट को surgical precision से काटता है!

जिसमें "Supertrend बताता है — Trend कहाँ है,

CPR बताता है — Entry कहाँ है।"

इन दोनों का मिलन मतलब **Trend + Price Action + Timing = Jackpot Setup**

अब बनाते हैं Step-by-Step Trading Pattern

1. BULLISH SETUP (Buy Trade Pattern)

- **Condition #1 – CPR के ऊपर प्राइस खुले**

  मतलब market buyers के zone में है।

  यह संकेत है कि momentum ऊपर की ओर रहेगा।

- **Condition #2 – Supertrend Green हो**

  Trend confirmation मिल गया ✅

- **Condition #3 – Retest on CPR**

अगर price हल्का retrace लेकर CPR या Supertrend line को test करे और फिर ऊपर निकले

Entry Point

- **Entry:** CPR से ऊपर candle close होते ही buy
- **Stop-loss:** Supertrend line या CPR base के नीचे
- **Target:** 1:2 और 1:3, यानी जितना बड़ा stop loss, उससे दोगुना टारगेट।

Bonus Tip: अगर CPR narrow है, move explosive होगा, या दोनों तरफ भी हो सकता है।

2. BEARISH SETUP (Sell Trade Pattern)

- **Condition #1 – CPR ke नीचे प्राइस खुले**

  मतलब sellers का पूरा control

- **Condition #2 – Supertrend Red हो**

  Trend clearly down direction में है।

- **Condition #3 – Retest and rejection at CPR line**

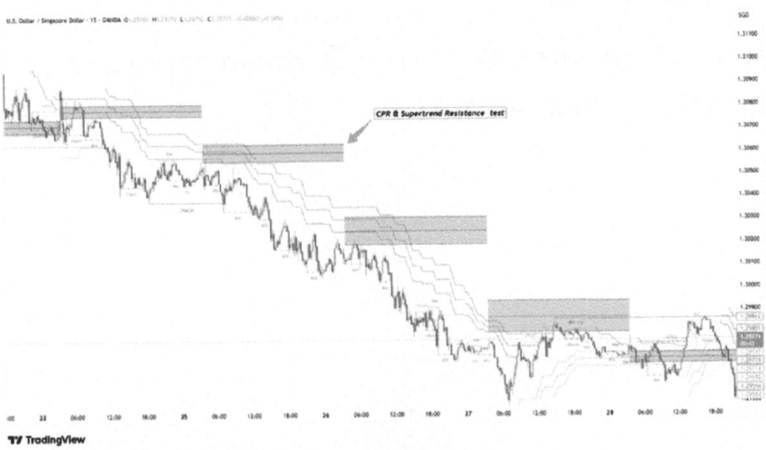

अगर प्राइस CPR तक वापस आए और वहां से rejection दिखाए →

Strong Sell Signal

Entry Point

- **Entry:** CPR के नीचे candle close होते ही sell
- **Stop-loss:** Supertrend line या CPR top के ऊपर
- **Target:** 1:2 और 1:3, यानी जितना बड़ा stop loss, उससे दोगुना टारगेट।

3. SIDEWAYS SETUP (No Trade Zone)

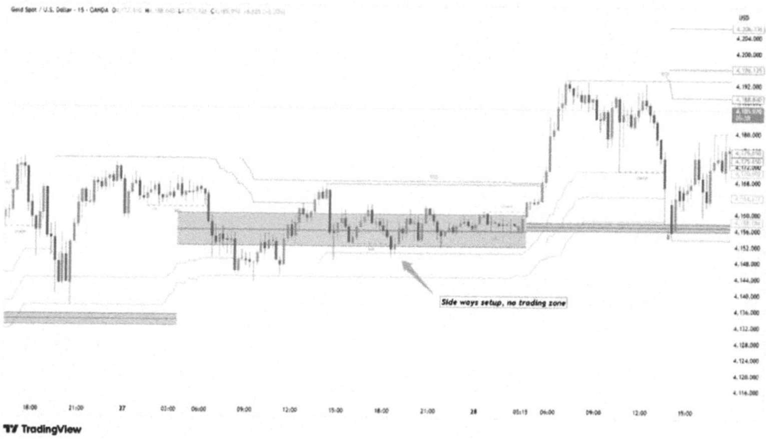

अगर:

- Price CPR के बीच फँसा हो
- Supertrend बार-बार रंग बदल रहा हो

तो ये संकेत है कि market confused है,

ऐसे में ट्रेड नहीं करना ही सबसे बड़ा प्रॉफिट है

"No trade is also a trade,
क्योंकि बचाया हुआ पैसा भी कमाया हुआ पैसा है।"

गोल्डन लाइन (Market Philosophy):

"CPR बताता है रास्ता, Supertrend देता है रफ़्तार,
और अनुशासन तय करता है मंज़िल।"

अध्याय 6

मोटी Candles — Bulls और Bears का Power Game

"नुकसान को छोटा रखो और मुनाफ़े को बढ़ने दो।"

~ David Ricardo

"मोटी" (strong-bodied) green और red candles वो पल होती हैं जब

buyers या sellers पूरी ताक़त से चार्ट पर अपनी छाप छोड़ते हैं।

और जो इनका अर्थ समझ गया, वो chart को predict नहीं, read करने लगता है।

1. मोटी Green Candle — Bulls का Power Move

जब आपको chart पर एक लंबी, मोटी हरी candle दिखे,

तो इसका मतलब है कि buyers ने मार्केट को पूरी ताक़त से खींचा है।

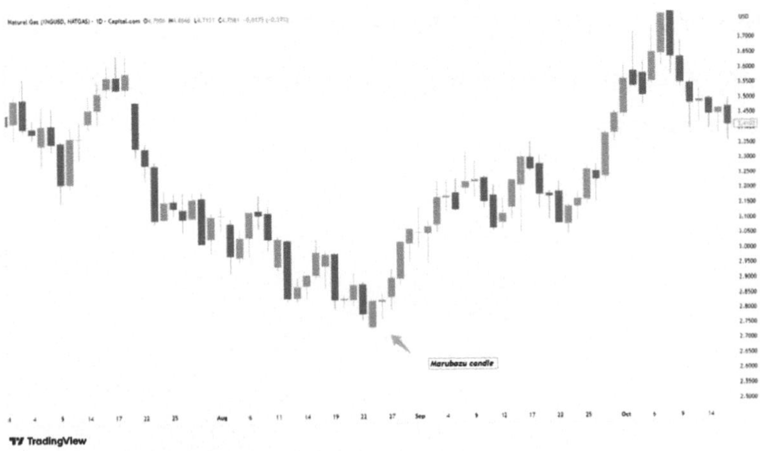

इसका मतलब क्या होता है:

- Demand अचानक बढ़ी है
- Volume अक्सर ऊँचा होता है
- Buyers का confidence high है
- Market में "momentum shift" हो रहा है

Green Candle से क्या सीखें:

1. Trend Strength Confirm होती है

अगर मोटी green candle किसी breakout zone या support के ऊपर बने →

समझो confirmation मिल गया कि bulls ने control ले लिया।

2. Entry Signal

अगर market CPR या Supertrend के ऊपर है और ऐसी candle दिखे →

Strong Buy Entry का इशारा है।

3. Volume देखो साथ में

अगर volume candle के साथ बढ़ा हो →

इसका मतलब यह "genuine buying" है,

4. Continuation या Breakout का संकेत

- अगर पहले से uptrend चल रहा है → continuation
- अगर range से बाहर निकली है → breakout confirmation

Tip: Trend के बीच में बनी बड़ी green candle बताती है कि "Momentum अभी बाकी है।"

2. मोटी Red Candle — Bears का Power Punch

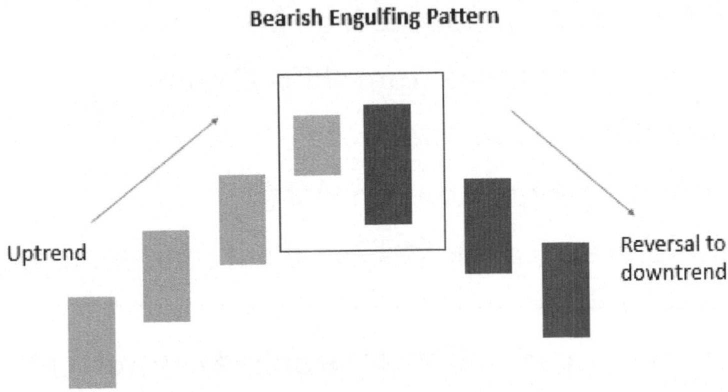

जब एक लंबी लाल candle दिखाई दे,

तो समझिए sellers ने buyers को chart से धक्का दे दिया है

इसका मतलब क्या होता है:

- ➢ Supply हावी हो गई
- ➢ Fear बढ़ा है
- ➢ Momentum नीचे की तरफ़ शिफ्ट हो गया है

Red Candle से क्या समझें:

1. Trend Change Warning

अगर ये candle support या CPR zone के नीचे बन जाए →

समझो कि market ने "Gear Change" कर लिया है।

2. Exit या Short Signal

अगर Supertrend लाल है और ऐसी candle दिखे →

👉 Confirmed short setup या profit booking का time है।

3. Volume Confirmation

बड़ी red candle + बड़ा volume =

institutional selling (smart money निकल रही है)

4. Panic Candle

कभी-कभी ये "capitulation candle" भी होती है —

जहाँ retail traders डर कर सब बेच देते हैं, और smart money entry करती है।

Tip: अगर red candle बनकर wick छोड़ दे (नीचे से rejection दिखे) →

तो short covering शुरू हो सकती है।

मोटी Candle का असली अर्थ

हर बड़ी candle एक बात बताती है:

"किसी ने हार मानी है, और किसी ने जीत दर्ज की है।"

- **Green candle:** Sellers ने surrender किया
- **Red candle:** Buyers ने हार मानी

इन candles में भावनाओं की कहानी छिपी होती है:

greed, fear, panic, euphoria, सब एक candle में बंद।

इन्हें समझने के प्रैक्टिकल तरीके

स्थिति	Candle का रंग	Candle की जगह	मतलब
Breakout के ऊपर	Green	Resistance के पार	Buying momentum शुरू
Downtrend में	Red	Support के नीचे	Breakdown confirm
CPR के ऊपर	Green	Uptrend का signal	Buyers मजबूत
CPR के नीचे	Red	Downtrend का signal	Sellers का दबदबा
Volume spike के साथ	दोनों	—	Institutional activity confirm

गोल्डन ट्रेडिंग ज्ञान:

"हर मोटी candle एक कहानी है,

फर्क बस इतना है कि कुछ लोग उसे देखते हैं,

और कुछ उसे पढ़ते हैं।"

अध्याय 7

Long Wick Candles — Chart की सबसे चालाक चेतावनी

"ट्रेडिंग सिर्फ़ आपका चरित्र नहीं दिखाती, अगर आप मैदान में टिके रहें तो वही चरित्र को बनाती भी है।"

~ Yvan Byeajee

अब बात आ गई असली प्राइस साइकोलॉजी पर,

यानी, "छोटी लेकिन कहानी लंबी!"

वो candles जो मोटी नहीं होतीं, मगर ऊपर या नीचे लंबी wick (shadow) रखती हैं,

वो सबसे चालाक और बोलती हुई candles होती हैं।

क्योंकि इनका मतलब होता है: मार्केट में tug of war चल रहा है!

चलिए step-by-step समझते हैं

Patli Body और Lambi Wick वाली Candles

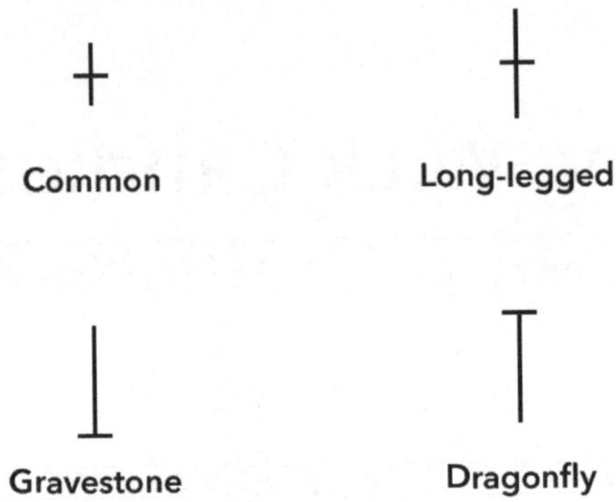

ऐसी candle बताती है कि

→ प्राइस एक direction में गया,

→ लेकिन वहां से तुरंत उल्टा पलट गया।

मतलब buyers और sellers, दोनों ने फाइट की,

मगर किसी ने भी पूरी जीत नहीं पाई।

“जितनी बड़ी wick, उतना बड़ा झगड़ा।”

1. Upper Long Wick Candle (ऊपर लंबी पूँछ)

उदाहरण:

छोटी body, ऊपर लंबा shadow, जैसे “shooting star” या “inverted hammer”

Interpretation:

- Buyers ने price ऊपर ले जाने की कोशिश की
- लेकिन sellers ने पूरा दबा दिया
- Close नीचे हुआ → मतलब selling pressure हावी

Meaning:

- अगर uptrend में बने → Trend reversal warning
- अगर resistance zone पर दिखे → Profit booking शुरू

Action:

- Confirmation candle के बाद short करो
- Stop-loss wick ke high ke ऊपर

2. Lower Long Wick Candle (नीचे लंबी पूँछ)

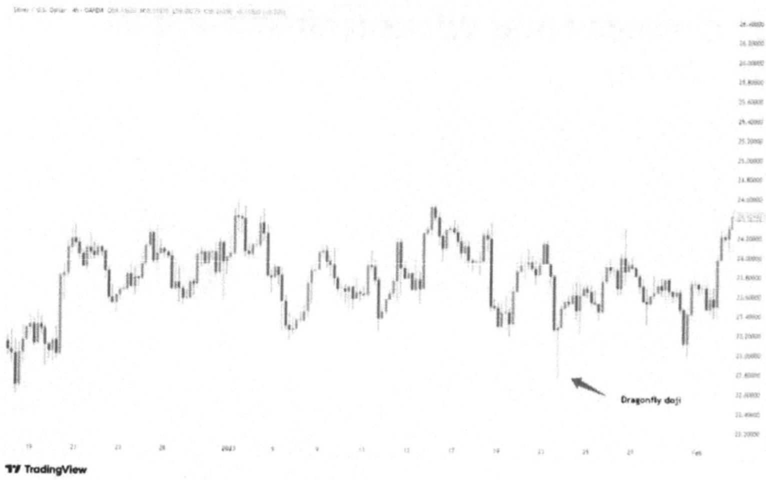

उदाहरण:

छोटी body, नीचे लंबा shadow, जैसे "hammer" या "Dragonfly Doji"

Interpretation:

- Sellers ने price नीचे गिराया
- Buyers ने उसे ऊपर खींच लिया
- Close ऊपर हुआ → मतलब buying pressure active

Meaning:

- अगर downtrend में बने → Reversal alert!
- अगर support zone पर बने → Strong buying signal

Action:

- अगली green candle confirm करे → buy करो
- Stop-loss wick ke low ke नीचे

3. दोनों साइड Long Wicks (लंबी ऊपर-नीचे की Shadows)

उदाहरण:

छोटी body, दोनों ओर लंबी wick, classic "Doji" या "Spinning Top"

Interpretation:

- Buyers और Sellers दोनों confuse
- Market में indecision
- अगली candle ही बताएगी कौन जीता

Meaning:

- Trend top या bottom पर दिखे → possible reversal
- Mid-range में दिखे → sideways phase

Action:

- Confirmation candle का इंतज़ार करो
- False entries से बचो

4. Volume के साथ देखो तो मैजिक समझो

अगर wick लंबी है पर volume बहुत ज़्यादा है,

इसका मतलब "smart money ने trap बिछाया है।"

उदाहरण:

- Long upper wick + high volume = buyers फंसे
- Long lower wick + high volume = sellers फंसे

"Wick बड़ी और volume भारी, समझो market की कारीगरी जारी।"

5. सारांश: Candle की भाषा में मनोविज्ञान

Candle Type	Wick Direction	अर्थ	संकेत
लंबी ऊपर wick	Resistance rejection	Sellers हावी	Weakness / Reversal
लंबी नीचे wick	Support rejection	Buyers हावी	Strength / Reversal
दोनों ओर wick	Indecision	Tug of war	अगली candle पर नज़र

Pro Tip (Secret of Pros):

"Market की लंबी wick बताती है कि वहाँ हिट हुआ था।"

जहाँ wick है, वहाँ trapped traders हैं,

और वहीं से अगली बड़ी चाल शुरू होती है!

अध्याय 8

ट्रेंड सही, एंट्री सही: Supertrend + HA + CPR का महासंगम

"सबसे बड़ा जोखिम कीमतों की उतार-चढ़ाव नहीं, बल्कि पूँजी के स्थायी नुकसान का होता है।"

~ Howard S. Marks

अब बात pro-level system building की हो रही है:

तीन Supertrend + Heiken Ashi + CPR

वो अगर ठीक से समझकर लगाया जाए, तो ये बन सकता है **Market Sniper System.**

चलो इसको step-by-step समझते हैं कि ये क्यों पावरफुल है, और कैसे इसका फायदा उठाया जा सकता है।

सिस्टम के तीन स्तंभ

System Components: "Trend + Smoothness + Levels" का तिहरा मेल

Indicator	Role	क्या करता है
Supertrend (10,3), (10,4), (10,5)	Trend strength और confirmation	अलग-अलग sensitivity से trend दिखाता है
Heiken Ashi candles	Noise filter करता है	Smooth price movement दिखाता है
CPR (Central Pivot Range)	Support, Resistance और Bias देता है	Entry–Exit zones clear करता है

इन तीनों को एकसाथ मिलाने से बनता है:

"Multi-layer Confirmation Strategy", जहाँ signal गलत देना लगभग नामुमकिन हो जाता है।"

तीन Supertrend क्यों ज़रूरी हैं?

हर Supertrend की setting उसकी sensitivity तय करती है।

जितना बड़ा multiplier → उतना "slow" reaction

जितना छोटा multiplier → उतना "fast" reaction

Setting	Nature	Meaning
10,3	तेज़ (Fast)	Short-term signal देता है (quick trend change)
10,4	मध्यम (Medium)	Confirmed short/mid-term trend
10,5	धीमा (Slow)	Long-term trend direction

जब तीनों Supertrend एक ही रंग (green या red) में आ जाएँ, समझो Trend confirm है और false breakouts से safety मिल गई।

"एक Supertrend धोखा दे सकता है,

तीन एकसाथ, rarely झूठ बोलते हैं।"

Heiken Ashi smooth कर देता है दिमाग़ भी और चार्ट भी

Heiken Ashi candles price noise को कम करके pure trend दिखाती हैं।

- अगर लगातार हरी HA candles बन रही हैं → Buyers strongly active.
- अगर लगातार लाल HA candles बन रही हैं → Sellers पूरी तरह हावी।

Supertrend के साथ Heiken Ashi perfect combo है क्योंकि:

- HA signal में delay आता है, पर reliability बहुत high होती है।
- Supertrend इसे confirm कर देता है।

CPR — Trend का GPS

अब जब trend confirm हो गया Supertrend + Heiken Ashi से,

CPR तुम्हें बताता है कि "Entry कहाँ और Exit कहाँ।"

आसान नियम:

Condition	Action
Price CPR के ऊपर + 3 Supertrend Green + HA Green	Strong Buy Setup
Price CPR के नीचे + 3 Supertrend Red + HA Red	Strong Sell Setup
Price CPR के अंदर	Sideways – Avoid Trading
Narrow CPR	Explosion incoming – Stay alert for breakout

Step-by-Step Strategy (Supertrend x3 + Heiken Ashi + CPR)

Buy Setup:

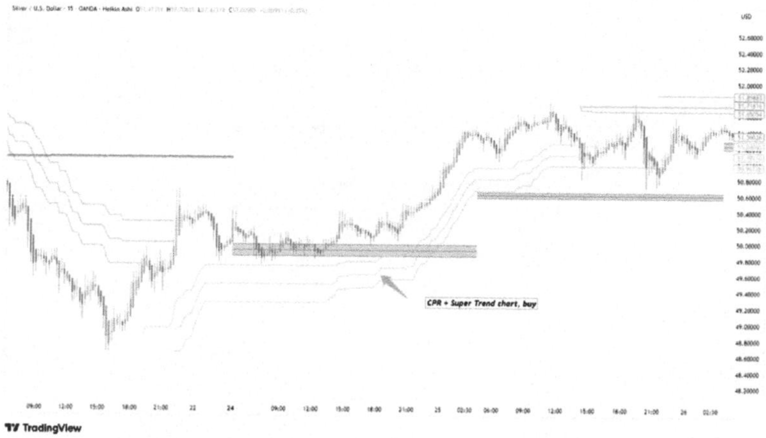

1. तीनों Supertrend Green हों
2. Heiken Ashi candles लगातार Green हों
3. Price CPR के ऊपर sustain कर रहा हो
4. Confirmation candle पर entry लो
5. Stop Loss: CPR base या slowest Supertrend (10,5) के नीचे
6. Target: 1:2 और 1:3, यानी जितना बड़ा stop loss, उससे दोगुना टारगेट।

Bonus: अगर CPR narrow है, तो उठापटक होगी।

Sell Setup:

1. तीनों Supertrend Red हों
2. Heiken Ashi candles Red हों
3. Price CPR के नीचे बना रहे
4. Confirmation candle पर entry लो
5. Stop Loss: CPR top या slowest Supertrend के ऊपर
6. Target: 1:2 और 1:3, यानी जितना बड़ा stop loss, उससे दोगुना टारगेट।

Bonus: अगर CPR broad है → relax mode में ट्रेड करो।

Sideways Filter:

अगर तीनों Supertrend बार-बार रंग बदल रहे हों या

price CPR के अंदर हो →

Avoid करो!

ये market तुम्हें नहीं, तुम्हारे patience को test करेगा।

Pro Tips (Secret Sauce)

- 10,3 → signal देता है
- 10,4 → confirm करता है
- 10,5 → filter करता है
- Heiken Ashi → साफ करता है
- CPR → direction और entry zone बताता है

"यह कॉम्बिनेशन ऐसा है जैसे तीन डॉक्टर, एक एक्स-रे और एक GPS,

मिलकर हर गलत ट्रेड की बीमारी पकड़ लेते हैं।"

अंतिम विचार

बाज़ार में हर कैंडल कुछ कहती है,

लेकिन उसे सुनना और समझना एक कला है।

इस पूरी रणनीति का मूल यही है:

"Trend के साथ चलो, Level पर सोचो, और Patience से जीत लो।"

सारांश

1. Supertrend सिखाता है: दिशा

तीन Supertrend (10,3), (10,4), (10,5)

मतलब तीन नज़रें: short, medium और long term पर।

जब तीनों एक रंग में बोलते हैं → Trend पर कोई शक नहीं रहता।

यही है "Confirmation ka Power."

2. Heiken Ashi सिखाता है: शांति

Heiken Ashi charts तुम्हारे chart का "noise filter" है।

ये बताता है कि market शांत है या violent।

हर smooth green या red candle एक साफ़ message देती है -

"अब कोई confusion नहीं, बस trend चलने दो।"

3. CPR सिखाता है: स्थान और समय

CPR बताता है कि कहाँ entry लेनी है,

कहाँ रुकना है,

और कहाँ से निकलना है।

Price CPR के ऊपर → buyers का control

Price CPR के नीचे → sellers का command

और CPR के अंदर → बस शांति रखो, market को decide करने दो।

4. मिलकर ये तीनों बनाते हैं "Trader ka Holy Trinity"

हिस्सा	काम	मतलब
Supertrend	Trend बताता है	किस दिशा में जाना है
Heiken Ashi	Smooth करता है	बिना डर के चलना है
CPR	Level बताता है	कहाँ से आना-जाना है

और जब तीनों एक दिशा दिखाएँ,

तो वो trade सिर्फ़ entry नहीं होता,

एक calculated strike बन जाता है।

5. और सबसे बड़ा नियम:

"Market discipline से चलता है,

prediction से नहीं।"

Trend को पकड़ना ही कला है, लड़ना नहीं।

Average समझना ही स्थिरता है,

guess लगाना नहीं।

6. निष्कर्ष (The Essence):

"Trading कोई तेज़ दौड़ नहीं,

ये लंबी यात्रा है।

जहाँ Supertrend तुम्हें रास्ता दिखाता है,

CPR तुम्हें मोड़ बताता है,

और Heiken Ashi तुम्हें सुकून देता है।"

एक पर्सनल नोट

"हर सुबह चार्ट पर जाते हुए याद रखो,
कि बाज़ार तुम्हारा दोस्त नहीं, तुम्हारा शिक्षक है।
वो सिखाएगा, कब इंतज़ार करना है,
कब कदम बढ़ाना है,
और कब बस देखना है।
Supertrend तुम्हें रास्ता दिखाएगा,
CPR तुम्हें सीमा बताएगा,
और Heiken Ashi तुम्हें सुकून देगा।
पर जो बात सबसे ऊपर है,
वो ये कि 'अनुशासन ही असली संकेत है।'
Market को हराने नहीं, समझने जाओ
क्योंकि जो Market से लड़ता है, वो हारता है,
और जो Market से सीखता है,
वही बनता है ट्रेडर।

ट्रेडिंग में वॉलेटिलिटी, लॉट साइज और इमोशन्स

प्रश्न 1: मार्केट में "वॉलेटिलिटी" का मतलब क्या होता है? क्या ट्रेडर को इससे डरना चाहिए या इसे समझना चाहिए?

उत्तर: वॉलेटिलिटी का अर्थ है: दामों का तेज़ी से ऊपर-नीचे होना।

ट्रेडर को इससे घबराना नहीं, बल्कि इसे समझना चाहिए,

क्योंकि यही उतार-चढ़ाव असली मुनाफे के मौके लेकर आता है।

जब आप समझ जाते हैं कि वॉलेटिलिटी बाजार का स्वाभाविक हिस्सा है,

तब आप भावनाओं से नहीं, रणनीति से निर्णय लेते हैं।

प्रश्न 2: जब बाजार अप्रत्याशित हो, तब ट्रेडर का पहला कदम क्या होना चाहिए?

उत्तर: पहला कदम: पोज़िशन साइज पर नियंत्रण।

हर सौदे में तय जोखिम रखो, जैसे पूंजी का केवल 1-2%.

बाजार का अनुमान लगाने से ज़्यादा ज़रूरी है,

अनुशासन के साथ टिके रहना।

वॉलेटाइल मार्केट में "कम मात्रा, ज़्यादा स्थिरता" ही सफलता की कुंजी है।

प्रश्न 3: वॉलेटाइल मार्केट में ट्रेडर्स की सबसे बड़ी गलती क्या होती है?

उत्तर: सबसे बड़ी गलती: बदला लेने वाली ट्रेडिंग (Revenge Trading)

जब नुकसान होता है, तो ट्रेडर सोचता है "अब मैं साबित करूंगा!"

लेकिन इस सोच में **अहंकार सबसे** बड़ा दुश्मन बन जाता है।

शांत दिमाग और धैर्य ही असली जवाब है।

प्रश्न 4: क्या वॉलेटाइल मार्केट में टेक्निकल एनालिसिस भरोसेमंद होता है?

उत्तर: टेक्निकल एनालिसिस ज़रूर मदद करता है,

पर 100% भरोसेमंद नहीं होता।

इस दौर में **फेक ब्रेकआउट** और **स्टॉप लॉस** हंटिंग आम हैं।

इसलिए चार्ट्स के साथ-साथ **सेंटिमेंट और न्यूज़ फ्लो** को भी समझो।

Price + Time + Sentiment, यही असली बढ़त देता है।

प्रश्न 5: क्या स्टॉप लॉस हिट होना असफलता है?

उत्तर: बिलकुल नहीं!

स्टॉप लॉस हिट होना असफलता नहीं, बल्कि **अनुशासन** का **प्रमाण** है।

ट्रेडर का काम हर ट्रेड में जीतना नहीं, बल्कि

कुल जोखिम पर नियंत्रण रखना है।

बाजार में टिके रहना ही सबसे बड़ी जीत है।

प्रश्न 6: वॉलेटाइल मार्केट में भावनाओं को कैसे संभालें?

उत्तर: एक ट्रेडिंग प्लान पहले से तैयार रखें:

एंट्री, एग्ज़िट और स्टॉप लॉस सब कुछ पहले से तय करें।

निर्णय स्क्रीन पर नहीं, दिमाग से लें।

और जब मन गर्म हो जाए, **ब्रेक लें।**

क्योंकि गरम दिमाग, ठंडी एनालिसिस नहीं कर सकता।

प्रश्न 7: लॉन्ग-टर्म और इंट्रा डे ट्रेडर का दृष्टिकोण कैसे अलग होना चाहिए?

उत्तर: इंट्राडे ट्रेडर को वॉलेटिलिटी से टकराना नहीं,

बल्कि **ट्रेंड के साथ बहना** चाहिए।

लॉन्ग-टर्म ट्रेडर को शोर से बचकर

केवल बड़े रुझान पर ध्यान देना चाहिए।

दोनों के लिए एक ही नियम:

“वही पोज़िशन रखो, जिसमें चैन की नींद आए।”

प्रश्न 8: रिस्क मैनेजमेंट के अलावा सर्वाइवल का असली मंत्र क्या है?

उत्तर: सिर्फ “प्राइस” नहीं, मार्केट का “क्यों” समझो।

न्यूज़ के पीछे मत भागो, **डेटा समझो।**

हर हफ्ते अपने प्रदर्शन की समीक्षा करो।

और याद रखो: पूंजी की सुरक्षा ही पहला नियम है।

प्रश्न 9: क्या वॉलेटाइल मार्केट सिर्फ प्रोफेशनल ट्रेडर्स के लिए होती है?

उत्तर: नहीं!

वॉलेटाइल मार्केट हर ट्रेडर के लिए है,

बस सही टूल्स और माइंडसेट चाहिए।

प्रोफेशनल और शुरुआत में फर्क अनुभव का नहीं,

बल्कि रिएक्शन का होता है।

प्रो ट्रेडर रिएक्ट नहीं करता, एडॉप्ट करता है।

प्रश्न 10: हर ट्रेडर को कौन-सा संदेश याद रखना चाहिए?

उत्तर: "मार्केट से लड़ो मत, मार्केट के साथ चलो।"

हर फेज़: बुलिश, बियरिश या वॉलेटाइल, अस्थायी होता है,

लेकिन अनुशासन हमेशा स्थायी होना चाहिए।

लॉट साइज और माइंडसेट

प्रश्न 1: क्या सफलता लॉट साइज से तय होती है या रणनीति से?

उत्तर: सफलता लॉट साइज से नहीं, माइंडसेट और रिस्क कंट्रोल से तय होती है।

गलत लॉट साइज लेकर सबसे बेहतरीन रणनीति भी फेल हो जाती है।

बाजार में "बड़ा ट्रेड" नहीं, सही ट्रेड कमाई लाता है।

प्रश्न 2: लॉट साइज तय करते समय क्या ध्यान रखें?

उत्तर: सबसे पहले अपनी पूंजी और जोखिम सहनशीलता समझें।

अगर 1% का नुकसान भी तनाव दे रहा है, तो आपका लॉट साइज बड़ा है।

लॉट साइज हमेशा **भावनात्मक आराम क्षेत्र** (Emotional Comfort Zone) में होना चाहिए।

प्रश्न 3: क्या छोटा लॉट साइज लेना कमजोरी है?

उत्तर: बिलकुल नहीं!

छोटा लॉट साइज लेना एक **परिपक्व ट्रेडर** की निशानी है।

बाजार में टिके रहने और सीखने के लिए छोटा लॉट सबसे सुरक्षित रास्ता है।

"बड़ा बनने से पहले, टिकना सीखो।"

प्रश्न 4: जब ट्रेड प्रॉफिट में हो, तब लॉट साइज बढ़ाना सही है?

उत्तर: अगर यह सिस्टमेटिक नियम के तहत हो, तो हाँ।

लेकिन इमोशन से किया गया निर्णय खतरनाक होता है।

नियम बनाओ: "तीन लगातार प्रॉफिटेबल ट्रेड्स के बाद एक लॉट बढ़ाना।"

नियम-आधारित बढ़ोतरी सुरक्षित है, भावनात्मक बढ़ोतरी विनाशकारी।

प्रश्न 5: लॉट साइज बढ़ने पर इमोशन कैसे बदलते हैं?

उत्तर: जैसे-जैसे लॉट साइज बढ़ता है,

भावनात्मक दबाव कई गुना बढ़ जाता है।

छोटे लॉट में दिमाग शांत रहता है,

बड़े लॉट में हर टिक पर दिल धड़कता है।

इसलिए भावनात्मक परिपक्वता के बिना लॉट बढ़ाना जाल है।

प्रश्न 6: कैसे पहचानें कि लॉट साइज ज़्यादा हो गया है?

उत्तर: अगर ट्रेड के दौरान:

- हाथों में पसीना आ जाए,
- स्टॉप लॉस बदलने का मन करे,
- या बार-बार चार्ट रिफ्रेश करने लगो,

तो समझो लॉट साइज आपकी क्षमता से ज़्यादा है।

इमोशन्स और सेंटिमेंट

प्रश्न 1: मार्केट की चाल पर भावनाओं का कितना असर होता है?

उत्तर: बहुत गहरा!

मार्केट अंकड़ों से नहीं, डर और लालच से चलता है।

जब सब बुलिश होते हैं, स्मार्ट मनी बाहर निकलती है।

जब सब बियरिश होते हैं, वही स्मार्ट मनी एंट्री करती है।

इसलिए भीड़ की भावनाओं पर नहीं,

अपने लॉजिक पर ट्रेड करो।

प्रश्न 2: कैसे पहचानें कि हम डर या लालच से ट्रेड कर रहे हैं?

उत्तर: अगर ट्रेड लेने से पहले

"नुकसान का डर" या "मुनाफा छूट जाने का पछतावा" ज़्यादा महसूस हो रहा है,

तो समझो, निर्णय भावनाओं से हो रहा है,

डेटा और सेटअप से नहीं।

प्रश्न 3: वॉलेटाइल मार्केट में ओवरट्रेडिंग का कारण क्या है?

उत्तर: नुकसान के बाद "पैसा वापस पाने की ज़िद"

या मुनाफे के बाद "और कमाने की लालसा।"

दोनों ही ख़तरनाक हैं।

कई बार सबसे अच्छा ट्रेड, कोई ट्रेड नहीं होता।

प्रश्न 4: एक इमोशनल ट्रेडर लॉट साइज और अनुशासन कैसे संभाले?

उत्तर:

- हर ट्रेड पर निश्चित जोखिम (अधिकतम 2%) तय करो।
- ट्रेडिंग जर्नल रखो, हर सौदे के पीछे की भावना लिखो।
- जब दिल कहे "यह ट्रेड पक्का चलेगा,"

तब लॉट बढ़ाओ मत, कम करो।

इमोशन पर नियंत्रण ही असली पूंजी सुरक्षा का फॉर्मूला है।

मिस्ड मूव्स और FOMO (Fear of Missing Out) कंट्रोल

प्रश्न 1: जब कोई बड़ा मूव मिस हो जाए तो ट्रेडर क्या सोचे?

उत्तर: पहला ख्याल आता है, "काश मैंने एंट्री ली होती।"

पर याद रखो, ट्रेडिंग पछतावे से नहीं, नियमों से चलती है।

मिस्ड मूव के बाद जल्दबाज़ी में एंट्री लेना

अक्सर और बड़ा नुकसान देता है।

शांत रहो, अगले सेटअप का इंतज़ार करो।

मार्केट रोज़ मौके देता है।

प्रश्न 2: क्या रैली मिस होने पर करेक्शन का इंतज़ार करना सही है?

उत्तर: हाँ, इंतज़ार करना कमजोरी नहीं, धैर्य की शक्ति है।

जो मार्केट का पीछा करते हैं, वे हमेशा देर से पहुँचते हैं।

रैली निकल गई तो भी ट्रेंड खत्म नहीं होता,

हर मूव के बाद सुधार (retracement) आता ही है।

प्रश्न 3: क्या हर मिस्ड रैली का मतलब अवसर चूकना है?

उत्तर: नहीं!

कभी-कभी छूटा हुआ ट्रेड = बची हुई पूंजी।

हर दिन नया ट्रेंड मिलता है,

पर पूंजी एक बार खो गई तो लौटना मुश्किल होता है।

प्रश्न 4: मिस्ड रैली के बाद भावनात्मक रूप से कैसे उभरें?

उत्तर: सबसे अच्छा तरीका: डेटा विश्लेषण।

देखो गलती कहाँ हुई,

देर से एंट्री ली? डर गया? आत्मविश्वास की कमी थी?

कारण समझते ही पछतावा कम और सुधार शुरू हो जाता है।

प्रश्न 5: अगर वही रैली दोबारा न आए तो क्या करें?

उत्तर: मार्केट सिर्फ एक रैली नहीं देता, पूरा चक्र (Cycle) देता है।

आज गोल्ड चला, कल क्रूड, परसों सिल्वर।

फोकस "छूटे हुए मौके" पर नहीं,

अगले संभावित अवसर पर रखो।

जो ट्रेडर अनुकूलन करना सीख लेता है,

वही बाजार में लंबे समय तक टिकता है।

अंतिम संदेश:

"ट्रेडिंग हर मूव पकड़ने की कला नहीं,

बल्कि हर दौर में टिके रहने की क्षमता है।"

डर से नहीं, डेटा से चलो।

यही एक सच्चे ट्रेडर की पहचान है।

एक रिटर्न गिफ्ट तो बनता है!

जी हाँ, आपने बिल्कुल सही पढ़ा: एक रिटर्न गिफ्ट।

सबसे पहले, इस पुस्तक को पढ़ने और अपना कीमती समय देने के लिए मैं दिल से आपका धन्यवाद करता हूँ। मुझे विश्वास है कि इस सफ़र में आपने कुछ नया सीखा होगा, कुछ बातों को बेहतर तरीके से समझा होगा और शायद अपने लिए एक नया अवसर देखने की सोच भी बनी होगी।

अब क्योंकि आप इस किताब के पाठक हैं और मैं आपके इस सफर में और वैल्यू जोड़ना चाहता हूँ, इसीलिए मेरी तरफ से आपके लिए एक छोटा-सा रिटर्न गिफ्ट है। मैं हर महीने एक लाइव ट्रेडर्स क्लब मास्टरक्लास करता हूँ, जिसके लिए आमतौर पर मैं एक घंटे का ₹5,999 शुल्क लेता हूँ। क्योंकि आप इस पुस्तक के एक गर्वित पाठक हैं, और मेरे लिए हर पाठक अत्यंत महत्वपूर्ण है, इसलिए यह ट्रेडर्स क्लब मास्टरक्लास मैं आपको पूरी तरह निःशुल्क देना चाहता हूँ।

इसे क्लेम करने के लिए आपको बस नीचे दिए गए QR कोड को स्कैन करना है। स्कैन करते ही एक फ़ॉर्म खुलेगा। जैसे ही आप वह फ़ॉर्म भरेंगे, आपकी जानकारी मुझ तक पहुँच जाएगी और मेरी टीम आपकी ट्रेडर्स क्लब मास्टरक्लास का समय तय कर देगी। इसके बाद

हम मिलकर सरल और सुरक्षित तरीक़े से कमोडिटी मार्केट को समझेंगे और यह जानेंगे कि बिना अनावश्यक जोखिम लिए पैसे कैसे बनाए जा सकते हैं।

तो देर मत कीजिए। अभी QR कोड स्कैन करें और अपना फ़ॉर्म भर दीजिए।

इसके अलावा अगर आपके कुछ feedback हों कोई queries हों, या 1-2-1 बातचीत करना चाहते हैं तो आप मुझे read@commoditysamachar.com के ज़रिये संपर्क कर सकते हैं।

आपकी सफलता, मेरी सबसे बड़ी उपलब्धि है।

हम जल्द ही जुड़ेंगे,

एक नई दिशा,

एक नए लक्ष्य,

और एक नए आत्मविश्वास के साथ।

आपका साथी,

अंकित कपूर